国語科授業サポートBOOKS

小学校低学年の

「書くこと」ミニ活動60

佐藤一世 著

まえがき

現代社会において，情報に関する分野の発達はめざましく，情報伝達の多様化とともにパソコンやスマートフォンでのメール，ＳＮＳ等による伝達が簡単に行え，便利になってきた。そのことにより，文や文章が記号化され，書くことで自分の思いや考えを伝えることが減少してきている。

平成31年度の全国学力・学習状況調査の「書くこと」について，「目的や意図に応じて，自分の考えの理由を明確にし，まとめて書くこと」が課題となっている。この「書くこと」の課題に関し，「平成31年度（令和元年度）全国学力・学習状況調査報告書」では，指導改善のポイントとして，次のようなことを挙げている。

> 調査したことを報告する文章では，調査の結果を基に自分の考えを書くことになる。その際，だれに何を報告するのかといった目的を明確にした上で，どのような理由や事例を挙げて自分の考えをまとめるのかを考えて書くように指導することが大切である。また，調査した目的と調査の結果から考えた自分の考えがずれないように，書き進める中で見直していくように指導していくことも必要である。（後略）（前掲書，p.9）

調査報告書から，「誰に」といった相手意識をもたせることや，「何を，どう書くのか」（記述），「書き進める中で見直していく」（推敲）ことに関して指導改善をする必要があることが分かる。

子どもたちに「作文は好きか嫌いか」と尋ねると，多くの子どもは，「嫌い」と答える。その理由として「何を」「どう書くのか」が分からないことを挙げる。このような課題を解決するために，課題条件を明確にした作文指導を行うこととした。

奈良国語教育実践研究会編『課題条件法による作文指導』（明治図書）を

参考にし，次の項目を課題条件とした。

1　目的　2　立場　3　相手　4　内容（主題・取材）　5　構成
6　叙述・文体　7　表記　8　分量（字数・枚数）　9　その他

課題条件を明確にした作文指導を低学年の段階から行うことで，「何を」「どう書くのか」が明らかになるばかりか，交流の段階での視点も明確になり，友達同士作品を読み合うことで内容や表現のよさを見つけることが容易になるのではないかと考えた。

作文というと，原稿用紙に３枚程度，構成ができていて，まとまった作品になっているものを求める傾向にある。しかし，日常の授業で分量の多い作品を書かせるとなると，指導の内容もあれもこれもとなり，結局は，子どもの書く力に結び付かなくなる。課題条件を絞って，書く回数を多くして，段階的に書く力を育てていく短作文の積み重ねが大切になる。

特に，低学年での作文指導は，遊び感覚での練習が効果的である。そこで，本書では，ことばあそびやことばあつめなどを始めとした子どもたちが楽しく，気軽に書けるような題材を集めて紹介している。

１つの題材にかかる時間は，15分程度である。また，題材によっては１文のこともあり，分量が少ないので，読み返しも容易である。課題条件を絞っているので，評価の観点もはっきりし，個別の支援もしやすい。子どもにとっても「何を」「どう書くか」がはっきり分かり，「できた」という達成感ももちやすい。子ども自身に「できた」という判断ができれば，書く力として定着していく。

小さな積み上げを大切にすることで，子どもに力を付けていきたい。

2020年８月

佐藤　一世

本書の使い方

段階に応じて，各学年３つのレベルに分けて活動を紹介しています。

活動時間，おすすめの実施時期，活動に必要な準備物を示しています。基本的には，すべての活動が15分以内で実施可能です。

この活動を通して，身に付けたい力を示しています。

この活動のねらいを示しています。

活動の流れを３ステップで示しています。ステップごとに，教師と子どもの発話例，指導のポイントが分かります。

レベル1 「ことば」に興味をもつ段階

1 「あ」のつく言葉を集めよう（2文字）

所要時間 15分 おすすめの時期 4～5月
必要な物 ひらがなカード

つけたい力
「あ」のつく言葉を集めることによって，語彙を増やす。

活動のねらい

「あ」のつく２文字の言葉を集めることを通して，「あ」のつく言葉はたくさんあることを知る。また，「あ」のつく言葉は，名詞だけではなく，動詞や形容詞などもあることを知る。

活動の流れ

❶「あ」のつく２文字の言葉を集める（４分）

「あ」の文字を黒板に10個書き，「あ」のつく言葉を集めることを知らせる。文字数の条件は，２文字とする。

T 「あ」のつく２文字の言葉を集めましょう。
C 「あさ」「あし」「あか」「あお」「あせ」「あき」…たくさんあるね。

Point 思い浮かんだ言葉を確かにしたり広げたりできるように，ペア対話しながら言葉を探すよう促す。

❷「あ」のつく２文字の言葉を発表する（８分）

見つけた言葉を発表する。発表後に全員で，集めた言葉を音読するため，指導者は，子どもから出た言葉を板書する。

T 「あ」のつく２文字の言葉を発表しましょう。
C 「あさ」です。
C 「あう」です。

28

板書する際に，名詞と動詞を色分けして板書する。色分けの理由を子どもたちに尋ね，名詞（ものの名前）と動詞（動きの言葉）であることに気付くようにする。

❸板書した言葉を音読する（３分）

最初に教師が指示棒を使って途中までリズムにのって音読の例を見せる。その後，代表の子どもに教師の代わりを務めさせる。

T　集めた「あ」のつく言葉を音読しましょう。　＊○は手拍子

C　「あさ」○○「あき」○○…

C　（代表児童）「あか」○○「あお」○○

黒板の前に出て話すことが好きな子どもが多い。話す練習にもなる。１つ１つの言葉に着目できるように指示棒を使わせる。

評価のポイントと苦手な子への支援

ペア対話の際に，積極的に「あ」のつく言葉を話しているか観察をする。「あ」のつく物の写真や絵カードなども準備しておく。言葉集めが進まないペアには，「運動会のチームの色にもあったね。」「虫を捕るときに使う物だよ。」などのようにヒントを出す。入門期なので，文字化させず，音声言語のみで活動を行う。

めあて
「あ」のつくことばをあつめよう。

1
あか　あい
あお　あき
あみ　あさ
あね　あし
あご　あせ

1と2の　なかまに　わけた
りゆうが　わかるかな？

2
あく
あう

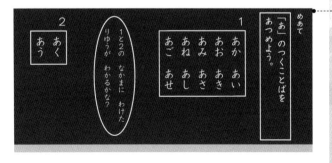

評価のポイントと，書くことが苦手な子への支援，声かけのヒントなどを示しています。

板書例，または活動に用いるワークシートの例を掲載しています。それぞれ，子どもに示す「めあて」や「かだい」を右側に掲載しています。

もくじ

まえがき …… 2
本書の使い方 …… 4

Chapter 1

低学年の「書くこと」指導　7つのポイント

Point 1　「ことば」を好きになるようにしよう …… 12
Point 2　五感を使って書く場を設定しよう …… 14
Point 3　課題条件を整理しよう …… 16
Point 4　例文を基に課題条件を確認しよう …… 18
Point 5　課題条件を自分で確認できるようにしよう …… 20
Point 6　自己評価と相互評価の場を設定しよう …… 22
Point 7　「書くこと」が好きになるようにしよう …… 24

Chapter 2

小学1年の「書くこと」ミニ活動アイデア

レベル1　「ことば」に興味をもつ段階

1　「あ」のつく言葉を集めよう（2文字） …… 28
2　「○い」の言葉を集めよう …… 30
3　並べ替えて言葉をつくろう …… 32
4　かくれている言葉を見つけよう～ことばのかくれんぼ …… 34
5　「い」でおわる言葉を集めよう …… 36

6 「かざることば」を集めよう①～どんなカメレオン？……38
7 「かざることば」を集めよう②～いろんなぼうし……40
8 「うごき」の言葉を集めよう①～「紙を～。」……42
9 「うごき」の言葉を集めよう②～「顔を～。」……44
10 ことわざを読もう……46

レベル2 文型を基に文をつくる段階

11 絵を見て書こう①～どんな女の子かな？……48
12 絵を見て書こう②～どんな人が何をしているのかな？……50
13 気持ちを表す言葉を使って書こう……52
14 先生に伝えたい今日のニュースを書こう～せんせい，あのね……54
15 キーワードを基に書こう……56
16 小さい「や」「ゆ」「よ」で文をつくろう……58
17 お手紙を完成させよう……60
18 連想ゲームをしよう……62
19 お話レポーターになろう……64
20 学校探検で見つけたものを知らせよう～保健室で見つけたよ……66

レベル3 課題条件を基に文をつくる段階

21 カブトムシ作文を書こう……68
22 ニュースを伝えよう①～今日の先生の服装をお知らせします……70
23 ニュースを伝えよう②～先生のハンカチ……72
24 楽器の音あてクイズをしよう……74
25 登校するまでのお話をつくろう……76
26 食レポをしよう……78
27 おしゃべり作文を書こう……80

28 休み時間ニュースを書こう……82
29 友達クイズをつくろう……84
30 なかよし集会の招待状を書こう……86

Chapter 3

小学２年の「書くこと」ミニ活動アイデア

レベル１ 「ことば」に興味をもつ段階

31 「あ」のつく言葉を集めよう（４文字）……90
32 スリーヒントクイズをつくろう……92
33 カードであそぼう～あわせめいし……94
34 ジャスチャーゲームをしよう……96
35 「かける」を使って文をつくろう……98
36 たしざんことばであそぼう～「上がる」……100
37 まちがいさがしをしよう～「は」「へ」「を」の使い方……102
38 伸ばす音に気をつけて書こう～なんかへん？……104
39 なぞなぞあそびうたをつくろう……106
40 回文をつくろう……108

レベル２ 文型やメモ，絵を基に書く段階

41 「～は，～みたい。」の文をつくろう……110
42 「～が，～している。」の文をつくろう……112
43 文の並べ替えをしよう……114
44 音の言葉を使って表そう……116
45 ドラえもんのことを紹介しよう……118

46　４コマ漫画の説明をしよう……120
47　海外旅行に出かけよう……122
48　どんなバッグか説明しよう……124
49　３文日記を書こう……126
50　じゃがいものひとりごとを書こう……128

レベル３　課題条件を基に文をつくる段階

51　校長先生になったら作文を書こう……130
52　野菜になって書こう～なりきり作文……132
53　「つなぎのことば」を使って，絵に合う文をつくろう……134
54　見たことお話をつくろう……136
55　中の文を書こう～ブリッジ作文……138
56　「コツコツ」から想像しよう……140
57　先生を見て書こう～「先生と風船」……142
58　したいなあ作文を書こう……144
59　変身して書こう～「おおきなかぶ」……146
60　まどさん風につくってみよう～「さくらがさいた」……148

あとがき……150

Chapter 1

低学年の「書くこと」指導 7つのポイント

Point
1 「ことば」を好きになるようにしよう

話すこと，大好き

小学校に入学したての１年生の子どもたちは，学ぶことに意欲が旺盛である。話すことも大好きである。毎朝，教室に入るとお話したくてたまらない子どもたちが，教卓の前に列をつくる。

「きのうね，お父さんとね，キャッチボールをしたよ。ぼくね，前より少しね，キャッチボールが上手になった気がする。」

「私のうちでね，犬を飼うことにしたよ。」

話しているうちに，主述がねじまがってしまうことも子どももいるけれど，誤りを指摘することはない。私は子どもたちの話を「うん，うん。」とうなずいて聞く。そして，１つ注文を出す。

「よかったね。次ね，話すときに『先生，あのね。』で始めてくれるとうれしいな。」

口頭作文への布石である。

ことばに興味をもつ

様々な言語環境で育った子どもたちである。もちろん，語彙の豊かさも異なる。しかし，そのような状況こそ，ことばに興味をもたせ，ことばを豊かにするチャンスであると捉えたい。

「はなのみち」（光村１年上）では，最後の場面で「ながいながい，はなのいっぽんみちができました。」とある。その前の叙述との行間がかなりとられている。それを知った男の子が，

「これは，時が経ったことを表していると思う。」

と発言した。
「時が経つって，どういうこと？」
と切り返すと，他の子どもたちが，「時間が過ぎていくということ」「時計の針が進むということ」など，自分なりの表現の仕方で説明してくれた。このように1つの言葉を取り上げて，交流の場を設けることは，ニュアンスが異なる言葉を獲得することになり，語彙の豊かさや表現の多様さにつながっていく。最初に発言した子に，あなたの発言でみんなの言葉が豊かになったと伝えることも忘れてはならない。
機を逸することなくこのような場面を授業の中で設けることは，ことばに興味をもたせることになる。

ことば遊びで楽しく学ぶ

「ことば」を好きになるようにするためには，しかけが必要である。
入学してきた1年生のほとんどは，ひらがなを読むことができた。そこで，放課後にホワイトボードにミッションを書いてひらがな集めをすることにした。子どもたちは，登校すると，このミッションを遂行することになる。
「はじめが『あ』の2文字の言葉を5個見つけましょう。」
ミッションには，条件が付いている。「『あ』で始まる」「5個」が条件である。「あさ」「あめ」「あご」「あき」「あお」。子どもたちは，「あ」の付く言葉をすぐに見つける。中には，2文字目をあ行から順番にあてはめて見つけている子どもも見られる。効率よく見つけようとしていることが分かる。
「見つけ方を工夫しているね，すごいねえ。」
認める機会を逸しないことが肝要である。
「先生，簡単すぎます。もう少し難しいミッションにしてください。」
と子どもたちは，リクエストする。翌日は，2文字目が「さ」の2文字の言葉である。登校してミッションを読むと，子どもたちは，びっくりする。すぐに見つけることができないので，友達同士で相談を始める。全部見つけると，歓声が上がる。ことば遊びは，対話の必然性を生む学びである。

Point
2 五感を使って書く場を設定しよう

五感を発動させる

入学したばかりの１年生は，思い出すままに経験したことや家庭や登下校で見聞きしたことを話す。子どもたちの話に耳を傾けると，そのほとんどは，五感を使った内容である。

五感とは，人間が備えている，「視覚（目で見る）」「聴覚（耳で聞く）」「味覚（口や舌で味わう）」「触覚（手や肌で触る）」「嗅覚（鼻でかぐ）」を言う。これらを使って言葉で表現していくことにより，その子らしい文章が生まれてくる。

もともと子どもは優れた五感をもっているが，それをあまり意識していないように思う。

「お母さん，あったかいみそ汁の海でね，ネギの電車が泳いでいる。」

息子が保育園のときに発した言葉である。切ったと思ったネギの輪切りであったが，連なっていたのである。私の包丁の技術はさておいて，息子の言葉は，言い得て妙であった。彼は，視覚で捉えた様子を自分の少ない語彙を連ねて表現していた。おそらくどの子ももつこの感覚を，発動させる手助けをすることが，豊かな表現で文を綴ることにつながるのではないかと思う。

五感を発動させるための手立て

「先生，あのね。グラウンドのそばの桜がね，とってもきれいだよ。」

「桜って何色のお花？」

「先生，ピンクでしょ。桜だもの。ピンクでもうすいピンクだよ。」

子どもたちとの対話の中で五感を発動させることのできる言葉を滑りこま

せる。すると，子どもはそれに答える。「目・耳・舌・手足・鼻を使って表現しましょう。」と言っても，低学年の子どもには分かりづらい。それは，具体的にどのようなことなのか。日常のやりとりの中で五感を発動させるための言葉かけをしていく。

「先生，あのね。誕生日にお母さんが作ってくれたケーキ，おいしかったよ。」

「どんな味だったの？」

「スポンジはふわふわで甘くてね，上にのっているイチゴは甘酸っぱい味がしたよ。」

五感を発動させるためには，教師が子どもの言葉に耳を傾け，豊かな表現を引き出す機会を逸しない姿勢が大切である。

五感を使って作品を読む

自分で文章を書くときの参考になるのが，友達の作品を読むことである。

朝の会で，日直の友達の作文を読む場を設定する。前日に小黒板に日直が５文程度の日記を書いておき，翌日にそれを発表するのである。

「きのう，おかあさんとぎょうざをつくりました。白くて丸いかわにたねをのせて，フリルのようにひだをつけるところがむずかしかったです。おかあさんは，『はじめてつくったにしてはじょうずだよ。』と言ってくれました。ぎょうざをつくるのはかんたんだとおもっていたので，ちょっとざんねんでした。でも，また，つくってみたいです。」

日直の子どもが一文ずつ音読し，それを他の子どもたちが追い読みをする。声に出すことで内容を理解できる。その後，それぞれの文が五感のどれを使って書いたものなのか，ペアで探す時間を設ける。発表の際には，上手なところとその理由を話すよう指示する。

「『白くて丸い』のところが上手です。目を使って書いていて，色や形の言葉が入っているからです。」

上手だと言われた子どもは，自分の作品のよさを認識できる。よさを見つけた子どもは，自分の作品に生かすようになる。

Point

3 課題条件を整理しよう

作文の三重苦

20代の頃，当時担任していた子どもたちに「書くこと」に関するアンケートを行った。「作文を書くことが楽しいですか」の質問に13％の児童が「あまり楽しくない」と答えた。その理由として挙げられたのは，「作文の書き方が分からない」「何を書けばいいか分からない」「どう書けばよいか分からない」の３点に集中していた（私は，作文の三大ウイークポイントと言っている）。

子どもたちがもつこのような悩みに対して，書く目的を意識させたり，モデル文を提示したりするなどの手立てを講じてきたが，十分ではなかったと考えられる。さらに，長文も書くことを要求したことで，作品を仕上げるのに個人差が出，相互に作品を読み合ったり，感想を伝え合ったりする時間も十分でなく，子どもたちが互いに表現のよさに気付き，認め合うことの経験が不足していた。このような原因が，子どもたちを作文の三大ウイークポイントに陥らせていたのである。

課題条件の整理

子どもたちを作文の三大ウイークポイントから救済したい。そのために，課題条件を明確にした作文指導を行うことにした。では，課題条件とは，どのようなことをいうのであろうか。

我々が文章を書くときには，様々な制約のもとに書いている。例えば，テーマや分量や締め切りなどである。このような条件は，大人では常識的なことである。しかし，書く経験の少ない子どもたちは，このような条件については，無自覚なままである。

奈良国語教育実践研究会編『課題条件法による作文指導小学校編』（明治図書）では，「条件設定による必要な基本事項一覧」として，次の項目が挙げられている。

> 1　目的　　2　立場　　3　相手　　4　内容（主題）　　5　構成
> 6　叙述・文体　　7　表記　　8　分量（字数・枚数）
> 9　その他（必要に応じて）

これらの課題条件を作文指導のたびに提示するのではない。たくさん課題条件があっては，子どもたちは，益々，書くことから気持ちが離れてしまう。低学年であれば，課題条件にできるだけ沿った文章を書いた後で，初めに設定した課題条件との適合度を振り返ることのできる程度の条件を設定する。

書く力を付けるため～知識や技能も大切

書く力を付けるためには，知識や技能も大切である。先述の参考文献では，「条件項目による指導事項表（技能）」も作成している。

> 1　語句
> 　a　語句の意味や使い方を正しく理解し，的確に用いる。
> 　b　目的，相手に応じてふさわしい語句を選んで適切に用いる。など

小学校学習指導要領（平成29年告示）解説の〔知識及び技能〕にあたる内容である。高学年を担任して作文を書かせたときに，文がねじれている作品に出合ったことはないだろうか。低学年で定着させるべき知識や技能が定着していないこともその原因として考えられる。ねじれのない文を書かせるために，〔知識及び技能〕に記されている「言葉の特徴や使い方に関する事項」も書くときの条件に加えると，よい。短作文を書く際の条件にし，音読させながらたくさん書かせると，自己評価を繰り返しながら，ねじれのない文を書くことができるようになる。

例文を基に課題条件を確認しよう

教科書に載っている例文を読む

例文を自分でつくることができればいいのだが，なかなか時間の確保ができない。そんなときには，教科書の例文が役に立つ。

『こくご二上　たんぽぽ』（光村図書）の「書くこと」の単元「思い出して書こう　きょうのできごと」には，次のような例文が載っている。

> 夕方，おかあさんがコロッケを……。ぼくが見ていたら，おかあさんが，
> 「いっしょにつくろうか。」
> と言ったので，ぼくも……。
> ぼくは，じゃがいもと，……をまるめました。（後略）

分量は５文，会話文を入れている。後半には，「かりっと」をいう擬態語もある。例文を読んで，課題条件を絞る。

子どもたちに例文を視写させるのも，書く力を付けるためには効果的である。しかも，視写のできない子どもはいない。視写した後で，分量の確認や会話文，その他に気付いたことなどサイドラインを入れるよう指示する。一連の作業は，自分で文をつくる際の課題条件を意識することにつながっていく。

課題条件を整理する

平成26年度に２年生を担任したときの単元「おはなしのさくしゃになろう」では，２枚の絵を基にお話をつくって１年生に読み聞かせすることを計画した。次の６つの課題条件を基に，子どもたちは，お話をつくった。

①目的　楽しいお話をつくって，１年生に読み聞かせをする。

②立場　森の動物になったつもりで書く。

③相手　１年生の子どもたち

④内容　絵を基に想像して書く。

⑤構成　絵をつないで筋立てする。（「はじめ」と「おわり」の２部構成）

⑥叙述　気持ちを表す言葉や会話文を入れる。

⑦分量　600字程度

課題条件がたくさんあるように思えるが，実際に子どもたちが意識したのは，②立場，④内容，⑥叙述であった。１年生と２年生の交流は，１年生が入学前から行っているので，目的や立場といった課題条件は，子どもたちの中に既に準備されていたのである。

学習用語を押さえる

「５文で書きましょう。会話文も入れてね。」
と子どもに伝えても，子どもが動かない。

「先生，文ってなんですか。」「会話文って何のことですか。」
という質問が飛んでくる。国語科において，学習用語は大切である。

白石範孝先生（明星大学教授）は，次のように述べていらっしゃる。

> 教師と子どもの間で用語の意味が共有できていないと，教えていることが正しく伝わっていない恐れがある。
>
> 『国語授業を変える「用語」』（文溪堂）p.11より引用

学習用語の共有化は，読解を論理的にし，論理的な表現にもつながる。だから，１年生を担任していても学習用語は必要に応じて子どもたちに教えている。教えた学習用語は，短冊に書いて教室に掲示する。忘れてしまう子どももいるが，覚えている子どもが説明をするので，10月頃になると，全員に定着するようになる。

Point 5 課題条件を自分で確認できるようにしよう

文章を読み返す

小学校学習指導要領（平成29年告示）国語「書くこと」の指導事項の中に，推敲に関する記載がある。低学年では，次のような内容になっている。

> エ　文章を読み返す習慣を付けるとともに，間違いを正したり，語と語や文と文との続き方を確かめたりすること。

これまでの「書くこと」の指導の中で，文章を書き終えたら，必ず読み返すよう声をかけてきた。しかし，子どもたちが読み返した作品を読むと，助詞の誤りや文のねじれ，接続語「そして」の多用などが見られた。読み返すよう指示しただけでは，子どもは字面をなぞるだけで，推敲には至らないということが分かった。そこで，読み返す上での視点（主に叙述に関する課題条件）を明示することにした。読み返すときのポイントを短冊に書いて黒板に掲示したのである。しかし，それらを活用できる子どもは，「書くこと」が好きで自信をもっている子どもが中心で，書くだけで精いっぱいの子どもは，活用するに至らなかった。

短作文でトレーニング

子どもたちが，気軽に書き，書き上げた後で読み返すことができるようにしたい。そう考えたときに，短作文を書かせてはどうかと考えた。そこで，五感を働かせて書くことを中心に据えた帯単元を作成し，短作文に取組ませることにした。

「目の文をかこう」では，目で見たものを描写する。例えば，りんごを提

示し，「これは，りんごです。」と板書した。子どもたちは，その文に誤りはないと言う。そこで，

「『これは，りんごです。』という文を読んだときに，みんなの頭の中のテレビには，どんなりんごが映るだろうか。」

と投げかけた。何も映らない。どうしてだろう。

「先生，色が必要だと思います。」

「そうだよ。『これは，赤いりんごです。』という文であれば，頭の中のテレビに映るよ。」

事物の描写では，読み手が具体的にイメージできるために，必要な言葉の１つが色であることを学ぶ。10分間という短い時間で，色の分かりやすいいろいろな物を提示して，短作文に取り組ませた。一文書いた後で，確認する課題条件は，色に関する言葉のみである。見つけたら，赤鉛筆でサイドラインを引くよう指示した。このような活動を取り入れることで，書いたら読み返し，課題条件を確認するというサイクルを習慣付けることになった。

作文シートの工夫

200字程度の文章が書けるようになると，課題条件も１つではなくなってくる。そこで，課題条件を書き込んだ原稿用紙を準備した。氏名を書く欄の左側に，「ふりかえりコーナー」として，課題条件を書き込んだのである。１つ１つの課題条件にチェックボックスを付け，確認したら，チェックするようにした。このようにすれば，書く前にも課題条件を確認できると考えた。加えて，原稿用紙の最後に，「ふりかえりコーナーのチェックは，すみましたか。」と記載した。書き終わったら，読み返すよう指示するだけでは，前述したように，子どもは字面をなぞるだけだからである。

このように，作文シートを工夫すると，教師の見取りもしやすくなる。チェックボックスにチェックの入っている子どもは，課題条件を意識して読み返していることになる。チェックが入っていない場合は，まだ，確認が済んでいないので，実態を把握でき，支援の言葉かけもしやすくなった。

Point 6 自己評価と相互評価の場を設定しよう

小刻みな自己評価

45分という授業の中で書かせる場合は，書く活動を２段階に分けた。例えば，事物を描写する文章を書く場合は，次のような流れで行った。

めあての確認，課題条件の確認の後で18分程度書く活動に取り組ませた。６分間ほどすると，筆の進まない子どもがみられた。そこで，作業を一時停止し，つまずきを解決する場とした。つまずきを共有化し，それを解決するために話合いを行った。この話合いが自己評価の場面にもなる。友達のつまずきと自分のつまずきは同じだろうか。どのようにしたら解決できるのか，ペアや全体で話し合い，つまずきを解決する。その後，再び書く作業に入る。このようなサイクルで授業を進めているうちに，一文書いた後で読み返して，足りない言葉を行間に加えていく子どもが見られるようになった。加えたのは，課題条件になっている言葉であった。そのような子どもの作品を取り上げ，称揚していくと，やがて，同じように小刻みに自己評価をする子どもが増えていった。

書く意欲をもたせる相互評価

記述の作業を18分間とった後で，代表児童の子どもの作品を実物投影機でテレビに投影させ，評価する場を設ける。この後の自己評価やペアでの相互評価に指標とするためである。

ここでは，課題条件に沿っている記述を探すよう指示する。一人ですべての課題条件を見つけることが困難な子どももいる。そこで，ペア対話を取り入れる。自分で見つけた課題条件が友達と重なっていると，安心して発表できる。この後で，自己評価をしたり，ペアで相互評価をしたりする。

課題条件を見つけるだけに終わらず，工夫した表現や自分とは似ているが，微妙にニュアンスが異なる言葉なども見つける子どもも見られるようになる。「この言葉足りなかったな。」「○○さんの書き表し方も面白いな。」と思うと，子どもたちは，自分の作品に手を加えたくなる。そこで，また，５分程度書く時間を設定するのである。

課題条件の設定を意識して書き，自己評価する活動は，自分を客観的に評価することにつながっていく。メタ認知力を付けるうえでも有効であると考える。

評価活動を通して学ぶ

島崎藤村が「どうしたら，よい文が書けるか」について，塾生に次のように伝えたという。

> 初歩のうちは，多少の欠点があるにも関せず，のびのびと作るをよしとす。例えば竹の子の如し，枝葉は後日を期してよし。

評価活動の場面では，誤字や表記の誤りなどについては，指摘をしない。それらは，個別に指導すればよいと考えるからである。評価の基本姿勢は，誤りを指摘するのではなく，表現のおもしろさや独創的な点などの発掘に努めるスタンスで行っている。

全体の場での評価は児童が行っているが，子どもは，教師にプラスの評価をしてもらうと，さらに意欲を見せる。教師の評価と助言は，子どもが書いているときに行う。課題条件にある言葉に朱でサイドラインを入れていくのである。全員を評価するので，評価箇所は，１か所になることが多いが，それでも子どもは評価されたことを励みに感じるようである。

評価活動には，「読む」「話す・聞く」活動も含まれる。特に，「話す」に関しては，「結論・理由」の順で話すことを指導する。思考を整理して伝えることが，聞き手に伝わりやすい話の仕方であることを学ぶことができる。

Point 7 「書くこと」が好きになるようにしよう

短作文を書かせよう

作文を書くことが苦手という子どもは，珍しくない。その理由として，「何を書いたらよいのか」「どのように書いたらよいのか」が分からないことを挙げる。さらに，原稿用紙1枚程度書かせるとなると，作品を仕上げるまでに個人差が大きく，読み合ったり，感想を伝え合ったりする時間も十分でなく，子どもたちが互いに表現の良さに気付き，認め合うことの経験が不足していることから，書く楽しさをあまり感じられないのではないか。教師からコメントをもらえるのもしばらくたってからになり，子どもには満足感のないものになってしまう。

そこで，課題条件を決め，子どもたちが「何を」「どのように」書くかを段階的に育てる短作文に取り組ませてはどうだろうか。課題条件を決めて短作文を書かせれば，子どもにとっては，「何を」「どのように」書くのかがはっきり分かる。また，自己評価や相互評価もしやすく，教師の評価もしやすい。

分量は1語文から考えられるが，どの学年でも気軽に書くことのできる量としては，100字程度と考えている。ただし，100字にこだわるのではなく，学年の発達段階やねらいに即して柔軟に捉える。

短作文のネタをあつめよう

短作文を書かせるにあたり，大切なのは「書きたい」と思わせるネタである。子どもが書きあぐねるようなものではなく，楽しく気軽に書くことができるように配慮しなくてはならない。

参考となる書籍はたくさん出版されているので，それらを基にネタを考えることもできるが，子どもたちの日常のやりとりの中からも，ネタを開発することができる。

「先生，あのね，お母さんが，『早く宿題やりなさい。』『早く着替えなさい。』『早く寝なさい。』ってさ，『早く』ばっかり言うの。困ったなあ。」

とAさん。『早く』は，私が息子たちに小学生の頃にシャワーのように浴びせた言葉である。これは，ネタとして使えると考え，Aさんに，私との話の内容をみんなに伝えてもよいか許可をもらい，子どもたちに投げかけてみた。

「おうちの人にお願いしたいこと，ありませんか。」

子どもたちは，次々にお願いを口にした。そこで，次のような課題条件を与えて短い作文を書かせることにした。

①タイトルを「～さんへの○つのおねがい」とする。②箇条書きでお願いを書く。③文末は，「～ください。」とする。

書き終えた後で，読み合うと「～ちゃんの気持ち分かるよ。うちのお母さんの口癖はね…」と話が弾んだ。

子どもの話の中に書くタネはたくさん落ちているのである。

とにかくほめよう

時間を経てからの評価では，子どもたちの満足感ばかりでなく，意欲ももたせることが難しい。子どもの作品は，即時に評価したい。

学校からすぐの公園に春探しをしにいったときのことである。桜の花が咲いていく様子を「ぱっぱっぱっぱっ」と書き表した子どもがいた。時間差で咲いている様子を書き表したかったことが分かった。その子どもをほめると，「今，考えたのだけれど」と一言おき，音読するときは，「ぱっ」と「ぱっ」の間は，１拍休むというのである。「なぜ，１拍休むのかな？」と子どもたちに尋ねると，となりの席の男の子が「ぼく，～くんの気持ち分かるよ。だってね，お花はすぐに咲かないでしょ。」と説明した。ほめることは，子どもに満足感や達成感を与えるだけでなく，思考を鍛えることや他者理解にもつながると感じた。子どもの作品は，とにかくほめたい。

Chapter 2

小学1年の「書くこと」ミニ活動アイデア

1 「あ」のつく言葉を集めよう（2文字）

所要時間 15分 おすすめの時期 4～5月
必要な物 ひらがなカード

つけたい力
「あ」のつく言葉を集めることによって，語彙を増やす。

活動のねらい

「あ」のつく2文字の言葉を集めることを通して，「あ」のつく言葉はたくさんあることを知る。また，「あ」のつく言葉は，名詞だけではなく，動詞や形容詞などもあることを知る。

活動の流れ

❶「あ」のつく2文字の言葉を集める（4分）

「あ」の文字を黒板に10個書き，「あ」のつく言葉を集めることを知らせる。文字数の条件は，2文字とする。

T 「あ」のつく2文字の言葉を集めましょう。

C 「あさ」「あし」「あか」「あお」「あせ」「あき」…たくさんあるね。

Point 思い浮かんだ言葉を確かにしたり広げたりできるように，ペア対話しながら言葉を探すよう促す。

❷「あ」のつく2文字の言葉を発表する（8分）

見つけた言葉を発表する。発表後に全員で，集めた言葉を音読するため，指導者は，子どもから出た言葉を板書する。

T 「あ」のつく2文字の言葉を発表しましょう。

C 「あさ」です。

C 「あう」です。

板書する際に，名詞と動詞を色分けして板書する。色分けの理由を子どもたちに尋ね，名詞（ものの名前）と動詞（動きの言葉）であることに気付くようにする。

❸板書した言葉を音読する（３分）

最初に教師が指示棒を使って途中までリズムにのって音読の例を見せる。その後，代表の子どもに教師の代わりを務めさせる。

T　集めた「あ」のつく言葉を音読しましょう。　＊○は手拍子

C　「あさ」○○「あき」○○…

C　（代表児童）「あか」○○「あお」○○

黒板の前に出て話すことが好きな子どもが多い。話す練習にもなる。１つ１つの言葉に着目できるように指示棒を使わせる。

評価のポイントと苦手な子への支援

ペア対話の際に，積極的に「あ」のつく言葉を話しているか観察をする。「あ」のつく物の写真や絵カードなども準備しておく。言葉集めが進まないペアには，「運動会のチームの色にもあったね。」「虫を捕るときに使う物だよ。」などのようにヒントを出す。入門期なので，文字化させず，音声言語のみで活動を行う。

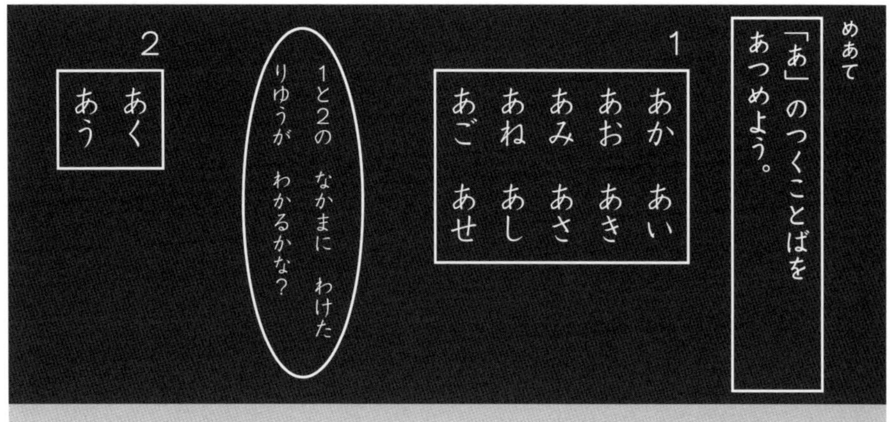

2 「○い」の言葉を集めよう

所要時間 15分 おすすめの時期 6～7月
必要な物 五十音表，２文字目が「い」になるものの絵カードや写真

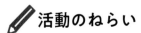

つけたい力
２文字目に「い」のつく言葉を集めることで，言葉の発見を楽しむ。

活動のねらい

２文字の終わりが「い」の言葉集めを積極的に行い，言葉の発見を楽しむことができるようにする。対話場面においては，相手の話をうなずいて聞くなどの受容的な態度を身に付けることができるようにする。

活動の流れ

❶「○い」の○に入る言葉を集める（４分）

「○い」と黒板に５個書き，○に入る文字を集めることを知らせる。

T 「○い」の○に入る文字を考えましょう。

C どうやって探そうかな。

Point 探すときの手立てを話した子どもの発言を取り上げ，全体に投げかけることで，五十音表を活用することに気付くようにする。

❷「○い」の○に入る文字を発表する（８分）

発表後に全員で集めた言葉を音読するため，発表した言葉を板書する。見つけた文字が少ない場合は発見したペアにヒントを出させる。

T 「○い」の○に入る文字を発表しましょう。

C 「あい」「えい」「かい」です。

C あ行でまだあるよ。

同音異義語が出た場合は，「それは何のこと？」と投げかけ，知っている子どもに説明させる場を設ける。

❸板書した言葉を音読する（３分）

代表の子どもにリズムにのって音読を進めるよう伝える。「あ」がつく言葉で音読の仕方を経験しているので，黒板の前で音読することができる。

T　集めた終わりが「い」の言葉を音読しましょう。　＊○は手拍子

C　「あい」○○「えい」○○「かい」○○

Point　１つ１つの言葉に着目できるように指示棒を使わせる。同音意義語の場合は，アクセントに留意するよう声をかける。

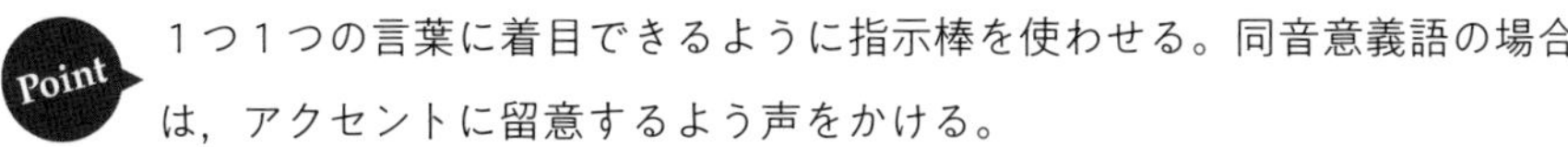

評価のポイントと苦手な子への支援

ペア対話の際に，積極的に２文字目に「い」のつく言葉を話しているかを観察する。言葉集めが進まないペアには，写真や絵カードを提示したり，「ことわざに出てきます。えびとセットです。」などヒントを与えたりする場を設定する。ヒントを作ることは難しいが，思考を鍛えることにつながる。また，自然に子どもたち同士のやりとりが生じる。

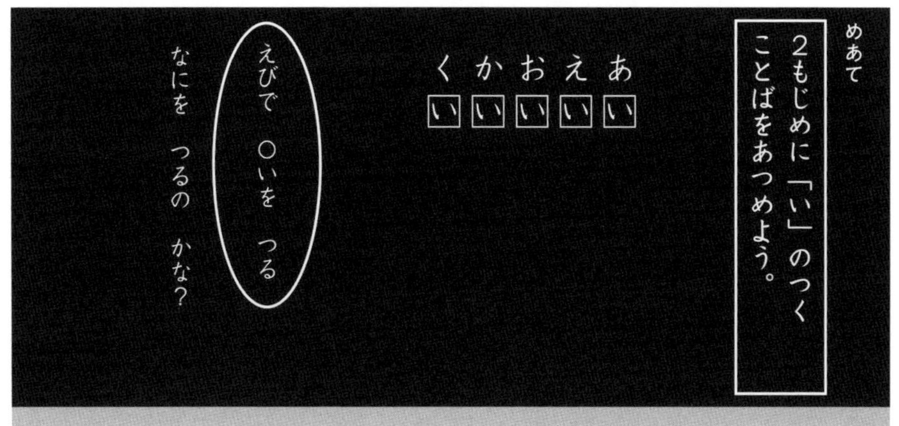

3 並べ替えて言葉をつくろう

所要時間 15分 おすすめの時期 6～7月

必要な物 五十音のカード

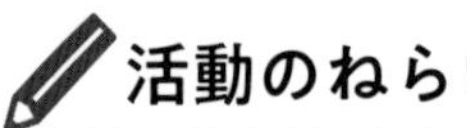

つけたい力

言葉には，事物の内容を表す働きがあることに気付く。

活動のねらい

ひらがなの並べ替えをし，知っている事物の名詞をつくる活動を通して，言葉への興味，関心をもつことができるようにする。また，文字には，事物の内容を表す働きがあることに気付くことができるようにする。

活動の流れ

❶ひらがなを並べ替えて，知っているものの名前をつくることを知る（2分）

「ぴ・え・つ・ん」のカードを提示し，並べ替えるとある物の名前であることを知らせる。

T 「ぴ・え・つ・ん」のカードを並べ替えをしましょう。

C 分かった。「えんぴつ」だ。

Point 活動の内容が理解できない場合は，例を示す。また，ペアで話し合わせることで，自信をもって答えることができるようにする。

❷ひらがなの並べ替えゲームをする（3分）

促音や拗音なども含んだひらがなの並べ替えゲームをする。カードを操作しながら考えることができるように，ペアで1組のカードを準備しておく。

T どんな言葉ができましたか。

C 「う・ほ・ん・れ・う・そ」は，「ほうれんそう」です。

C 「っ・け・せ・ん」は，「せっけん」です。

ペアの交流の様子を観察する。実際にカードを操作しながら考えることで，自分の考えを確かにできるようにする。

❸ひらがなの並べ替え問題をつくり，発表する（10分）

ペアでひらがなの並べ替え問題をつくる場を設定する。問題にする言葉を決めてから，カードをランダムに並べるよう指示する。

T　ひらがなの並べ替え問題をつくりましょう。5文字以上で考えます。

C　「いちねんまつくみ」を問題にしよう。

C　「く・い・ま・ち・み・つ・ん・ね」にしてみたよ。

3文字や4文字だと，答えがすぐに分かってしまうので，5文字以上という条件をつける。

評価のポイントと苦手な子への支援

学習活動❷で，ひらがなカードを進んで並べ替えているか，評価する。ひながなの学習が済んだ時期に行うと，単純な書き取りの練習にならずに，言葉に関心をもたせながら，文字を覚えさせることができる。

苦手な子どもには，最初と最後の1文字を与え，その間に入る文字はなんだろうかと問う。

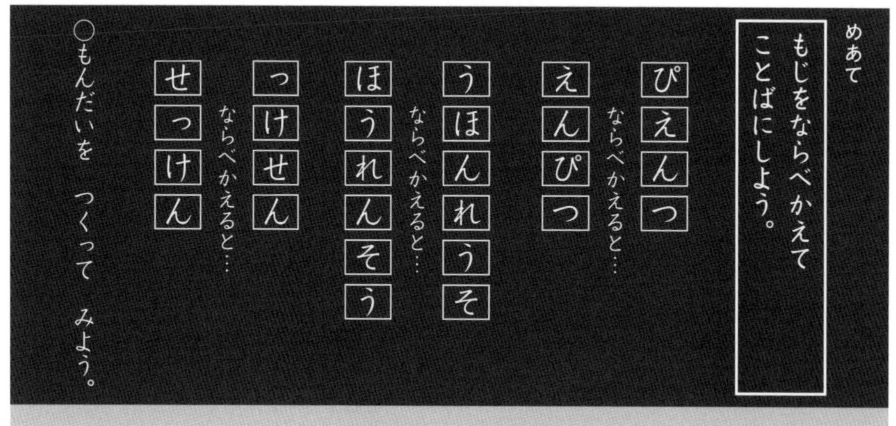

かくれている言葉を見つけよう ～ことばのかくれんぼ

所要時間 15分 おすすめの時期 5～6月
必要な物 あ行・か行のひらがなの文字カード

つけたい力
意味のある言葉を見つける。

活動のねらい

あ行とか行に隠れている言葉を見つけることを通して，言葉への興味，関心をもつことができるようにする。また，１つの言葉でも意味が異なる言葉があることに気付くことができるようにする。

活動の流れ

❶「ことばのかくれんぼ」をすることを知る（２分）

「あ」「い」「う」「え」「お」で言葉のかくれんぼをしたときにつくった言葉を提示する。

T 「あ」「い」「う」「え」「お」の中にたくさんの言葉が隠れていました。
C 「おう」は，追いかけるということだったな。

見通しをもたせるために「あ」「い」「う」「え」「お」で言葉のかくれんぼをしたときにつくった言葉を提示する。

❷あ行とか行に隠れている言葉を見つける（５分）

１分ほど個人で考える。その後，ペアで見つけた言葉を交流する。

T か行が先にくる言葉は見つけましたか。
C 「かい」「くい」「こい」があったよ。
C ３文字でもあるよ。「けいこ」とか。

意味の分からない言葉が出てきたときに，ペアの友達に説明するよう声をかける。できなかった場合は，次の活動で取り上げる。

❸見つけた言葉を発表する（8分）

子どもから出た言葉を文字数ごとに分類しながら板書していく。ペアで出た言葉の中で意味を説明できなかったものを取り上げ，説明させる。

T 「けいこ」って言葉が出たんですけど，人の名前のことかな？

C 人の名前でもあるけど，別の意味もあるよ。

C 「おけいこちょう」の「おけいこ」と同じ。練習って意味じゃない？

同音異義語が出た場合は，それを取り上げて説明させる。動詞は，ジェスチャーゲームをするとおもしろい。

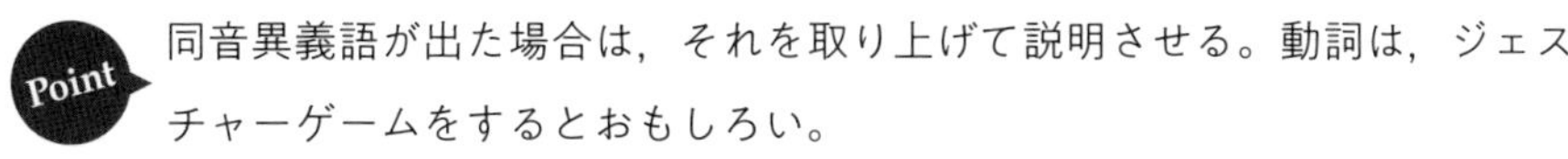

評価のポイントと苦手な子への支援

ペアでの情報交換の様子と，ノートに書き留めている言葉の数で評価する。理解と表現は，表裏一体である。意味の分からない動詞については，動作化させることで理解しているか評価する。苦手な子どもには，文字カードを与え，操作させることで言葉を見つけることができるようにする。

〈参考文献〉青山由紀『子どもを国語好きにする授業アイデア』学事出版，2006年

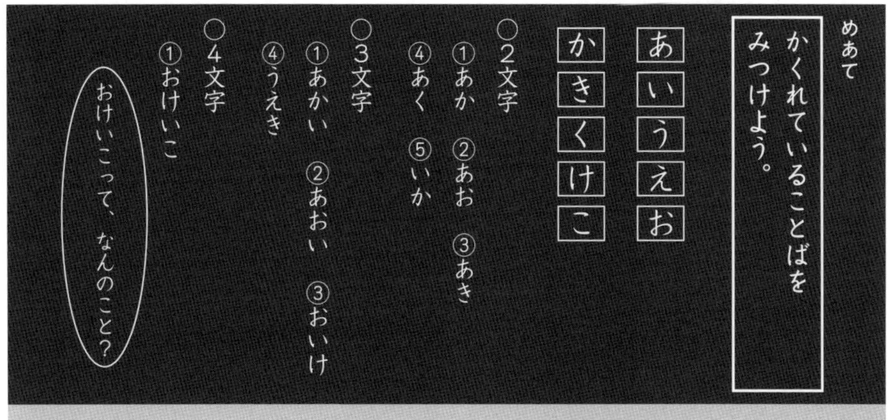

5 「い」でおわる言葉を集めよう

所要時間 15分 おすすめの時期 6～7月
必要な物 トマトの写真２枚，ワークシート

つけたい力
身近なことを表す語句の量を増し，話や文章の中で使う。

活動のねらい

文字数に関わらず，おわりが「い」の言葉を集めることを通して，物事の「状態・性質・感じ」を表す言葉があることに気付く。また，それらの言葉を修飾語として用いることができるようにする。

活動の流れ

❶物の名前以外の「い」で終わる言葉を集めることを知る（２分）

トマトの写真２枚を提示し，「赤い」や「大きい」という言葉を引き出し，課題解決への見通しをもつ。

T　どんなトマトかな？

C　左側のトマトは，赤くて，大きいね。

Point 比較して考えることができるように，赤くて大きいトマトと黄色いミニトマトの写真を提示する。

❷「い」で終わる言葉を集める（６分）

「い」で終わる言葉集めをする場を設ける。２分程度は個で行い，その後はグループで集める。

T　「赤い」「大きい」のように，おわりが「い」の言葉を集めましょう。

C　色の言葉は，「い」で終わるね。

C　「大きい」の反対言葉は「小さい」だね。終わりが「い」だよ。

見つけた言葉を文字数によって分類して書くことのできるワークシートを準備する。

❸見つけた言葉を修飾語とした言葉をつくる（7分）

見つけた言葉を修飾語とした言葉の例を挙げ，活動の見通しをもつことができるようにする。

T　「赤いリンゴ」「丸い形」などのような言葉をつくりましょう。

C　「かわいいねこ」「あついいちにち」まだまだできそうだよ。

C　「あまいおかし」「しょっぱいおかし」おかしシリーズができそう。

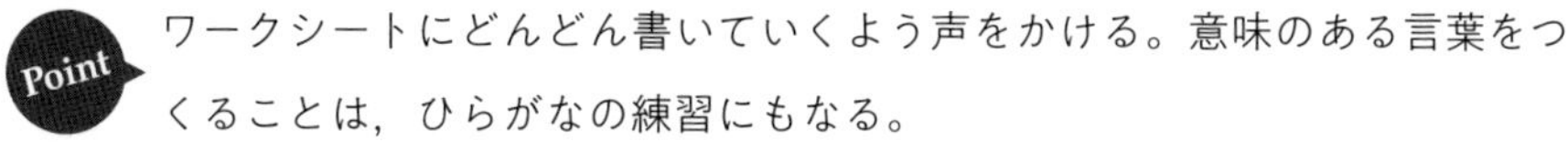

ワークシートにどんどん書いていくよう声をかける。意味のある言葉をつくることは，ひらがなの練習にもなる。

評価のポイントと苦手な子への支援

個やペアの活動場面で，ワークシートに見つけた言葉をいくつ書いているか評価する。グループで活動させることにより，苦手な子どもも友達のアドバイスを受けながら，言葉を見つけることができる。読書量の多い子どもは，あまり耳にすることのない形容詞を知っている場合もある。紹介すると，語彙を広げることにつながる。

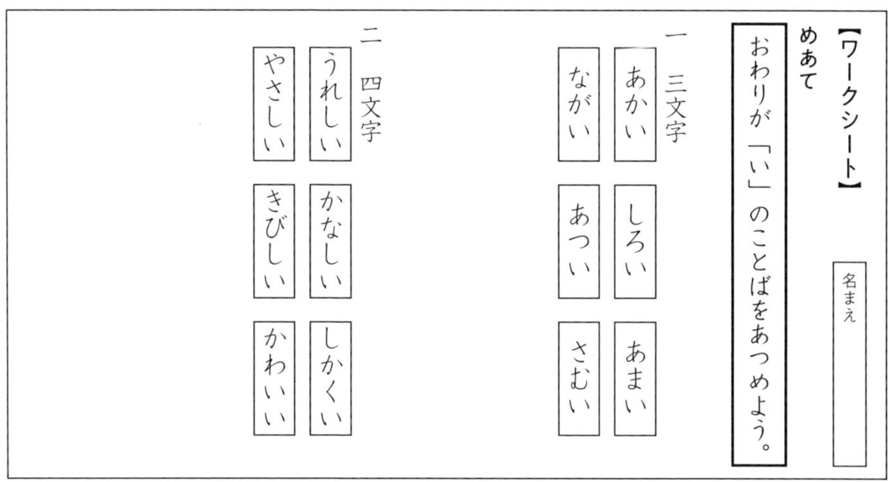

【ワークシート】

名まえ

めあて

おわりが「い」のことばをあつめよう。

一　三文字

あかい　しろい　あまい

ながい　あつい　さむい

二　四文字

うれしい　かなしい　しかくい

やさしい　きびしい　かわいい

「かざることば」を集めよう①
～どんなカメレオン？

所要時間　15分　おすすめの時期　8～10月
必要な物　五味太郎監修・制作『言葉図鑑③　かざることば（A）』（偕成社）

つけたい力
物の形やありさまを表す言葉を集め，それを使って口頭作文する。

活動のねらい

絵本を見て，物の形やありさまを表す言葉を集めることができるようにする。物の形やありさまを表す言葉はたくさんあることや，表し方は1つではないことを知る。

活動の流れ

❶絵本を見て，どんなカメレオンかを確かめ，活動の見通しをもつ（2分）

実物投影機を使い絵本を見せる。「どんな」にあたる言葉は，付箋紙で隠し，付箋紙に入る言葉を答えることを伝える。

T　どんなカメレオンかな？

C　色が白なので，白いカメレオン？

Point　付箋紙で色の言葉を隠しておく。クイズを解くような感覚で楽しく活動に取り組むことができる。

❷どんなカメレオンかを発表する（6分）

少しずつ本をずらしながらカメレオンの絵を見せる。子どもたちが発表した物のありさまに関した言葉を板書していく。

T　次のカメレオンは，どんなカメレオンかな？

C　赤いカメレオンです。

C　それもあるけど，ピンクに近い赤のように見えるよ。

Point 物の見方は１つではない。また，「それもあるけれど」のように友達の考えを受け止めることができるようにしたい。

❸「これは，～カメレオンです。」の文型で口頭作文をする（７分）

「これは，～カメレオンです。」の文型を与え，「～」の部分に板書した言葉を入れて口頭作文する場を設ける。

T　「これは，～カメレオンです。」とお話してみましょう。

C　「～」のところには，黒板にある言葉を入れればいいの？

C　例えば「これは，しろいカメレオンです。」って話すっていうこと？

Point 文型を与えることで，話しやすくなる。「例えば」と具体例を挙げる子どもがいたら，その子の発言を取り上げたい。

評価のポイントと苦手な子への支援

もののありさまを表す言葉を発言しているかを観察によって評価する。❸の活動で，口頭作文をするが，全体で話してからペアでも伝え合わせることで，文型の定着を図る。それが，苦手な子どもへの支援ともなると考える。また，苦手な子どもには，全体の場でもう一度話をさせる。そうすることで，次の口頭作文がしやすくなる。

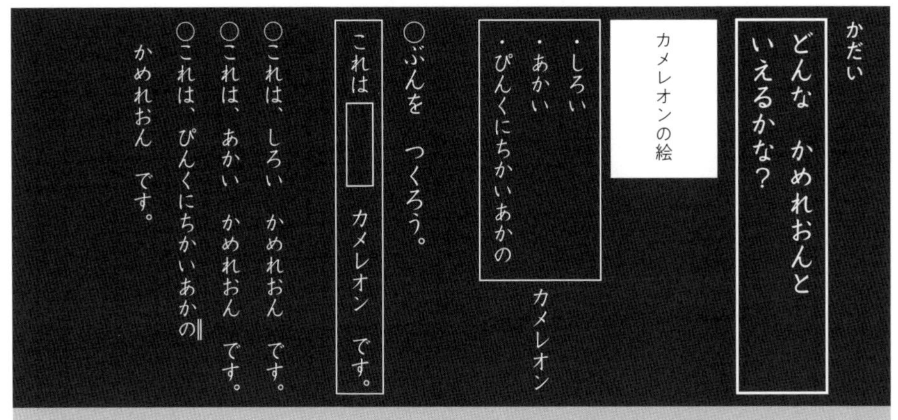

「かざることば」を集めよう②
～いろんなぼうし

所要時間　15分　おすすめの時期　8～9月
必要な物　五味太郎監修・制作『言葉図鑑④　かざることば（B）』（偕成社）

つけたい力
物の形やありさまを表す言葉を集め，それを使って口頭作文する。

活動のねらい

絵本を見て，物の形やありさまを表す言葉を見つけることができるようにする。物の形やありさまを表す言葉はたくさんあることや，表し方は1つでないことを知る。また，集めた言葉を使って文型に沿って口頭作文することができるようにする。

活動の流れ

❶絵本を見て，どんな帽子か確かめ，活動の見通しをもつ（2分）

ピンク色の帽子をかぶった女の子の絵を提示し，どんな帽子をかぶっているのか問いかけ,「どんな」にあたる言葉を集める学習であることを知らせる。

T　この女の子は，どんな帽子をかぶっていますか？

C　ピンク色のさくらんぼみたいな飾りがついている帽子だね。

Point　絵本では，「かわいいぼうし」となっていることを知らせるが，詳しく観察して色や飾りなどに着目した発言も認めるようにする。

❷提示された絵の帽子の特徴を捉え，表現する（5分）

活動❶の観点（色，かざり）に着目してもいいことや，新たな観点で表現してよいことを伝える。

T　じゃあ，この帽子は，どんな帽子？

C　茶色いつばのある帽子だね。

C　大きくてぶかぶかな感じもするよ。

子どもから出た表現を板書していく。擬態語が出たときには，様子を表現する言葉であることを知らせる。多様な表現を認めていく。

❸集めた言葉を使って，口頭作文をする（８分）

「これは，～ぼうしです。」の文型を提示し，口頭作文をする場を設ける。「～」には，集めた言葉を入れることを伝える。

T　「これは，～ぼうしです。」の文をつくりましょう。

C　「これは，赤茶色で黒いリボンがついたぶかぶかの帽子です。」

C　黒板にある言葉を使っていけばいいね。ぼくだったら…。

できるだけたくさんの子どもに発言させることで，いろいろな表現の仕方を学ぶことができるようにする。

評価のポイントと苦手な子への支援

言葉集めも口頭作文も発言の内容を評価する。どの子どもも安心して口頭作文できるように，「～」に入る言葉・文型を板書する。子どもたちが考えた口頭作文も板書し，それを音読させることで，文型に沿った文を作ることができるようにしたい。口頭作文が中心ではあるが，子どもから出た言葉を記録しておくと，10月以降の書く活動に生かすこともできる。

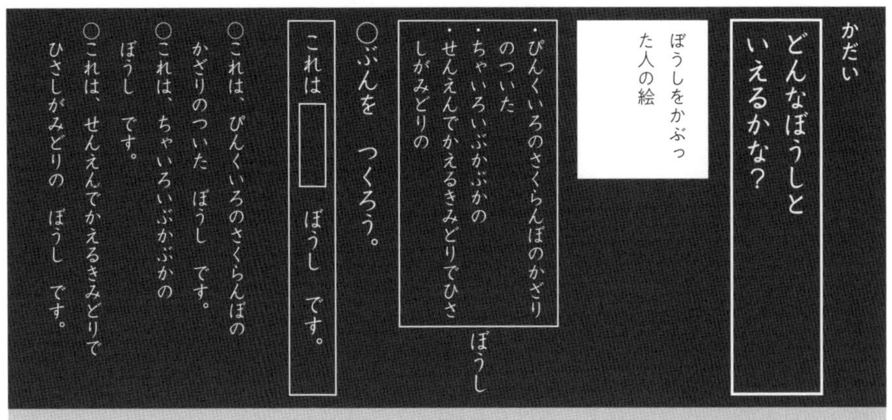

8 「うごき」の言葉を集めよう①
～「紙を～。」

所要時間 15分 おすすめの時期 8～9月
必要な物 ワークシート

つけたい力
言葉には，事物の内容を表す働きがあることに気付く。

活動のねらい

「かみを」を書き出しとした短文をつくることを通して，いろいろな動詞を集めることができるようにする。友達の発言を聞きながら，自分の集めた言葉があるか，比較しながら聞くことができるようにする。

活動の流れ

❶紙を提示し，「紙を」で始まる文をつくることを知る（２分）

Ｂ５判の紙を見せてから，２つに折って重ねる。この動作を「紙を」で始まる文にするよう指示する。

T　私は，今，何をしたのかな？

C　紙をおりました。

Point 指導者の動作をよく見るよう声をかける。「見る」動作は，視点を移動させることであり，今後の活動でも使っていく。

❷「紙を」で始まる文をつくる（６分）

全員にＢ５判の紙を配付する。実際に紙を折ったり，重ねたりさせる場を設定し，それを言葉で表現してみるよう声をかける。

T　「紙を」で始まる文をつくりましょう。

C　（隣の友達と紙を重ねて）「紙を重ねる。」

C　図工の時間だったら，「紙を切る。」もあるね。

紙は生活の中で使うものなので，生活経験を基にした動詞を引き出しやすい。動作化させると，文もつくりやすい。

❸つくった文を発表する（7分）

子どもが発表した文を板書する。自分と同じ動きの言葉を使っているかに注意して聞き，同じ言葉をチェックしていくよう事前に伝える。

T　つくった文を発表しましょう。

C　「紙を焼く。」です。

C　「紙を捨てる。」です。

板書し終えたら，シートに自分にないものを書き足すよう指示する。また，書く前に音読させ，ねじれがないかを確認する。

評価のポイントと苦手な子への支援

ワークシートに書いた短文を見て，助詞「を」を正確に使っているか，いろいろな動詞を使っているかを評価する。

文が思いつかない子どもたちを黒板前に集め，指導者の紙を使った動作を観察させることで，動詞の言葉集めができるようにする。集めた動詞は，授業後，短冊に書いて掲示する。

〈参考文献〉青山由紀『子どもを国語好きにする授業アイデア』学事出版，2006年

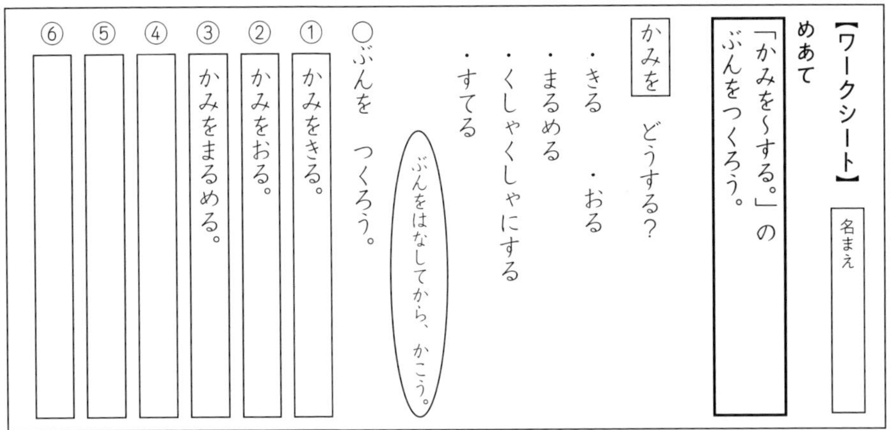
【ワークシート】

名まえ

めあて

「かみを〜する。」のぶんをつくろう。

かみを　どうする？

・きる　・おる

・まるめる

・くしゃくしゃにする

・すてる

ぶんをはなしてから、かこう。

○ぶんを　つくろう。

① かみをきる。

② かみをおる。

③ かみをまるめる。

④

⑤

⑥

9 「うごき」の言葉を集めよう②　～「顔を～。」

所要時間　15分　おすすめの時期　8～9月
必要な物　ワークシート，洗面器

言葉には，出来事や事物の内容を表す働きがあることに気付く。

活動のねらい

「顔を」を書き出しとした短文をつくることを通して，生活経験などを基にして，動詞を集めることができるようにする。また，友達のつくった短文と比較して，自分と同じ言葉があるかを判断することができるようにする。

活動の流れ

❶「顔を」を書き出しとした文をつくることを知る（2分）

洗面器を準備し，顔を洗うところを見せる。何をしたかを文で表すよう指示し，「顔を～。」の文をつくること知る。

T　私のやることをよく見てください。何をしましたか？

C　先生は，顔を洗ったよね。

Point　「紙を」の学習のときのように，動作をよく観察するよう声をかける。視点を移動させて見ることの練習になる。

❷「顔を～。」の文をつくる（6分）

ペアで相談しながら文をつくるよう指示する。必要に応じて，動作化してみるよう声をかける。それを互いに観察させ，文づくりをさせる。

T　「顔を～。」の文をつくりましょう。ペアで相談していいですよ。

C　（両手でほほに手をやり）これは？

C　「顔をつつむ？」

「顔をたたく」「顔をさわる」など具体的な行動をするよう声をかけることで，文をつくることができるようにする。

❸つくった文を発表する（7分）

発表した文は，板書し，音読させる。この頃になると，ひらがなを読めるようになっているので，代表児童が読んでから，全員で読ませる。

T　つくった文を発表しましょう。

C　（顔をたたいて）「顔をたたく。」

C　（顔をなでて）「顔をなでる。」

発表を聞くときに自分と同じ言葉を使っているか比較して聞くよう指示する。友達の動作を見て，文をつくる活動もおもしろい。

評価のポイントと苦手な子への支援

ペアで活動しているときに，動作化している様子を観察する。また，動作化を通してできた「顔を〜。」の文をワークシートに書いているか確認する。苦手な子どもには，「今，〜さん，何をしたかな？」とペアの友達の様子を話してみるよう声かけをする。「書く」こと自体が苦手な場合は，マーカーペンなどで文をワークシートに書き，なぞるよう促す。

〈参考文献〉青山由紀『子どもを国語好きにする授業アイデア』学事出版，2006年

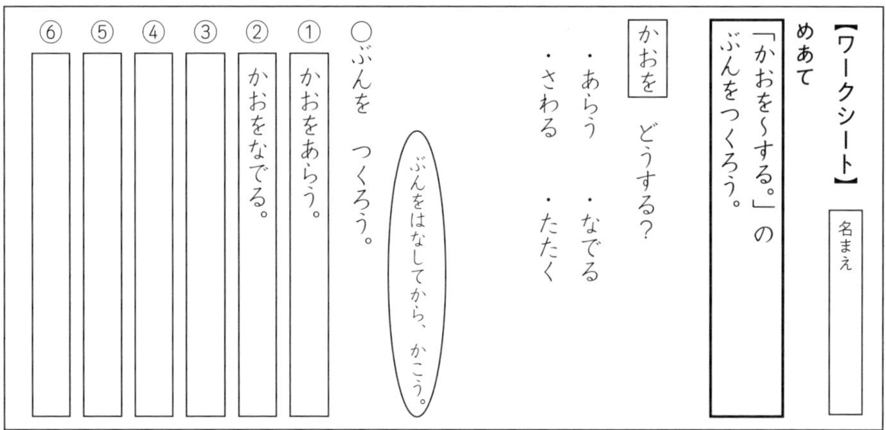

【ワークシート】

名まえ

めあて

「かおを〜する。」の
ぶんをつくろう。

かおを　どうする？

・あらう　・なでる
・さわる　・たたく

○ぶんを　つくろう。

（ぶんをはなしてから、かこう。）

① かおをあらう。
② かおをなでる。
③
④
⑤
⑥

10 ことわざを読もう

所要時間　5分　おすすめの時期　年間を通して
必要な物　『ことわざカード』（1集～3集，くもん出版）

つけたい力
語のまとまりや言葉の響きなどに気を付けて音読する。

活動のねらい

ことわざに感心をもち，進んで音読することができるようにする。絵カードを見ながらことわざを予想し，上の言葉を聞いて，下の言葉を答えるなどのゲームに楽しく取り組むことができるようにする。

活動の流れ

❶「ことわざ」を知る（1分）

「ことわざ」とは，日本の言語文化（古くから人びとに言いならされてきた，いましめや風刺の文句）であることを伝える。

T　「ことわざ」という言葉，知っていますか。

C　うちの人がね，「猿も木から落ちる」って言っていたよ。

Point　家族が使っていることで，「ことわざ」を知っている子どももいる。知っている「ことわざ」を引き出し，意味を伝える。

❷「ことわざ」を音読する（2分）

「ことわざ」カードの絵を見せながら，音読し，それを聞いて追い読みするよう指示する。

T　カードを見せて音読するから，追い読みをしてね。

C　先生と同じことを言えばいいね。

C　途中までしか文字が書いてないから，よく聞いてよう。

カードには，出だしの言葉のみ記されている。カードにない後半の言葉をよく聞くよう指示する。

❸前半の言葉に続けて「ことわざ」を音読する（２分）

前半の言葉のみを音読し，子どもたちには後半の言葉も続けるよう指示する。よく知っているもの，知っていないものがあることに気付くようにする。

T　出だししか読まないよ。みんなは，後半の言葉も言ってね。

C　「鬼に」「金棒」「石橋を」「たたいて渡る」

C　すぐ言えるのと，言えないのがあるなあ。

指導者は，よく知っているものと知らないもののカードを手元で分類していく。次回からは，よく知らないものの音読から始める。

評価のポイントと苦手な子への支援

「ことわざ」を音読しているかを観察により評価する。家庭での言語生活が反映されてくるため，劣等感をいだかないように配慮して進める。

くもんの『ことわざカード』は，１集が30枚で構成されている。ほぼ全員が覚えた頃に，教室を２グループに分け，早くことわざを言うゲームを行うと，とても盛り上がる。

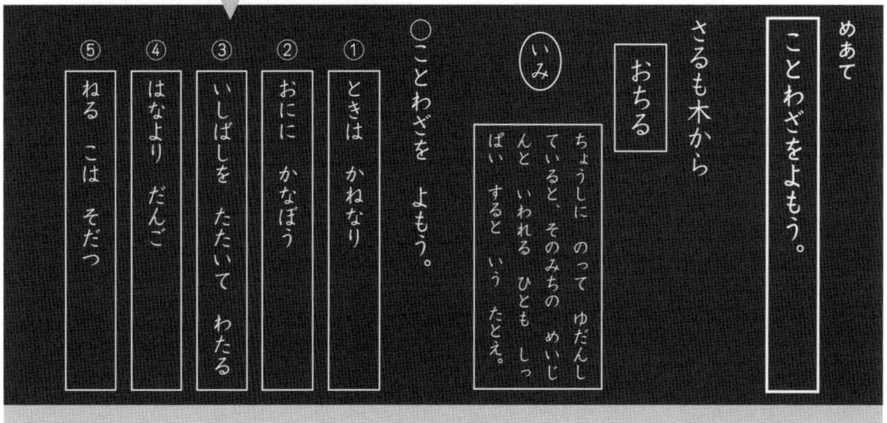

カード使って，どんどん読ませる。
めあて
ことわざをよもう。
さるも木から
おちる
いみ
ちょうしに　のって　ゆだんし
ていると、そのみちの　めいじ
んと　いわれる　ひとも　しっ
ぱい　すると　いう　たとえ。
○ことわざを　よもう。
①　ときは　かねなり
②　おにに　かなぼう
③　いしばしを　たたいて　わたる
④　はなより　だんご
⑤　ねる　こは　そだつ

絵を見て書こう①
～どんな女の子かな？

所要時間 15分 おすすめの時期 10～11月
必要な物 五味太郎監修・制作『言葉図鑑② ようすのことば』（偕成社）

つけたい力
身近なことを表す語句を使って，文型に沿った文を書く。

活動のねらい

『言葉図鑑② ようすのことば』の表紙に載っている何かをしている子どもたちの絵を見て，どんな子どもかを話し合い，それを基に「～が～います。」の文をつくることができるようにする。

活動の流れ

❶「～が～います。」の短文をつくることを知る（３分）

実物投影機で，ボールをついている女の子の絵を見せる。何をしている子どもなのかを話し合い，短文づくりへとつなげる。

T　この女の子は，何をしているのでしょう。

C　ボールをぽんぽんついてあそんでいるよね。

ペアで話し合わせ，互いの発言をすり合わせることで，足りない言葉を補いながら文をつくることができるようにする。

❷語順をかえて文をつくる（３分）

「ボール」「ぽんぽん」「おんなのこ」など子どもから出てきた言葉を板書し，語順をかえて❶と同じ意味になる文をつくるよう声をかける。

T　黒板にあることばをつなげて，「～が～います。」の文にしましょう。

C　ぽんぽんボールをついている女の子がいます。

C　わたしたちとおんなじ。そういう文を考えていたよ。

つくった文がねじれていることも考えられる。語と語のつなぎかたの学習にもなるので，黒板にある言葉をつなげて文をつくらせる。

❸短文をノートに書く（9分）

できた文を板書する。板書した文を音読させた後で，ねじれていないか確認させ，その後ノートに書くよう指示する。

T　黒板にある文を音読しましょう。

C　ボールをぽんぽんついている女の子がいます。

C　ぽんぽんボールをついている女の子がいます。

意味が通る語順であればよいことを伝える。さらに，洋服の色を入れるとしたら，文のどこがよいかについても話し合わせる。

評価のポイントと苦手な子への支援

ペアで話し合っているところを観察し，発言を評価する。ワークシートを使用しないときは，ノートに文を書かせる。ナンバリングして書くよう指示すると，いくつ書いたかつかみやすい。

書くことが苦手な子どもには，文をノートにマーカーペンなどで薄く書いたものを与え，なぞるよう声をかける。

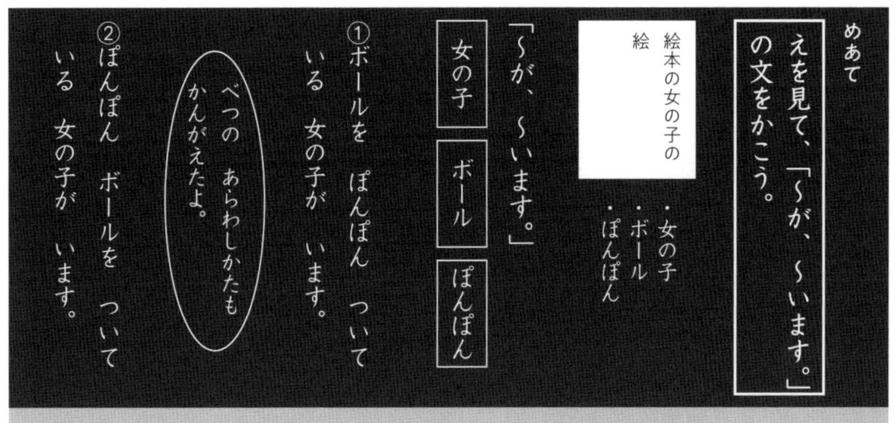

絵を見て書こう②
～どんな人が何をしているのかな？

所要時間　15分　おすすめの時期　9～10月

必要な物　五味太郎監修・制作『言葉図鑑②　ようすのことば』（偕成社）

つけたい力

修飾語を使って，「～が～います。」の文をつくる。

活動のねらい

絵本の人物の様子を見て，様子を表す言葉を使って，「～が～います。」の文型で文をつくることができるようにする。語と語のつなぎ方について音読しながらねじれのない文をつくることができるようにする。

活動の流れ

❶絵を見て，様子を表す言葉を使って文をつくることを知る（2分）

女の子がボールをついている絵を提示する。絵を見て分かることをペアで話し合わせる。

T　絵を見て分かることを話しましょう。

C　女の子がボールをついているよね。にこにこしているね。

Point　ペアの話し合いの様子を観察し，気付いたことは何でも伝えてよいことを伝える。

❷ペアで話した結果を発表する（5分）

ペアの情報を全体に広げるために，発表の場を設ける。発表の場では，自分たちの情報と比較して聞くよう指示する。

T　ペアで話し合った結果を発表しましょう。

C　女の子がボールをぽんぽんついている。

C　むらさきいろの服を着ているよね。

Point 子どもからでた言葉を短冊に書いて黒板に掲示する。❸の活動で語と語のつなぎ方について検討させるためである。

❸「〜が〜います。」の文型で文をつくる（8分）

文型「〜が〜います。」の文型をカードに書いて提示し，この文型に合わせて，黒板にある言葉をつないで文をつくることを知らせる。

T　「女の子」が何をしていますか。

C　女の子がぽんぽんボールつきをしています。

C　それもそうだけど，女の子ってむらさきの服を着ているよね。

子どもたちから文を引き出すことができるように，主語を示す。必要に応じて，代表児童に短冊カードの並べ替えを音読しながら行わせる。

評価のポイントと苦手な子への支援

学習活動❷でペアの話し合いの様子を観察する。学習活動❸は，全体で行う活動であるが，ペアで話し合わせながら進めるので，その様子も観察する。ねじれた文にならないようにするために，つくった文を音読して確かめさせる。苦手な子どもには，付箋紙に子どもたちから出た言葉を書いて渡し，机上で操作しながら文をつくってみるよう声をかける。

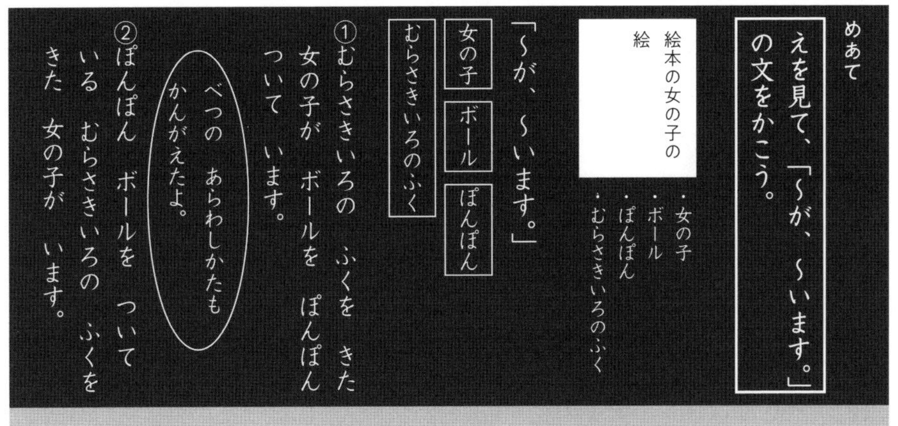

13 気持ちを表す言葉を使って書こう

所要時間　15分　おすすめの時期　9～10月

必要な物　絵カード

つけたい力

気持ちと，その理由を表す言葉を使って文を書く。

活動のねらい

絵カードを見て，気持ちと，その理由を表す文を，「わたしは，～です。わけは，～だからです。」の文型に沿って口頭作文できるようにする。口頭作文した文を書き表すことができるようにする。

活動の流れ

❶絵を見て分かることを話し合う（3分）

女の子がうれしそうな表情をしている絵を見せる。その絵から分かることを発表した後で，その理由が推測できる絵を見て，理由を話し合う。

T　女の子は，どんな様子でしょうか。

C　にこにこしているね。いいことあったのかな。

Point　「うれしそう」「にこにこ」「わらっている」などの多様な表現を引き出すようにする。

❷理由を表す絵を見て話し合う（3分）

野菜の鉢を見ている女の子の絵を見せ，うれしそうにしている理由を話し合わせる。

T　女の子がうれしそうにしている理由は，何でしょう。

C　野菜の花が咲いているね。

C　わたしたちも，野菜の花が咲いたときうれしかったよね。

理由が分かる絵は，子どもたちの生活経験と関連しているものがよい。その方が，理由を推測しやすい。

❸話し合ったことを基に，口頭作文をする（９分）

黒板の情報を基に文型「わたしは，～です。わけは，～だからです。」で口頭作文させる。口頭作文した後で，文を書く場を設ける。

T　黒板にある言葉をつないで，文をつくりましょう。

C　わたしは，うれしいです。

C　わけは，野菜の花が咲いたからです。

相互評価できるようにペアで板書にある言葉を使っているか，文型にかなっているかを検討させる。

評価のポイントと苦手な子への支援

学習活動❸の口頭作文の様子を観察する。ペアで評価する場面を設けることで，誤りがあった場合はその段階で修正でき，次の文を書く活動へと自信をもって移ることができる。理由を表す言葉「なぜかというと」「～ので」も子どもから出てくると思われる。それらも認めたうえで，文型に沿って書くことができる言葉は何かを問い，文をつくることができるようにする。

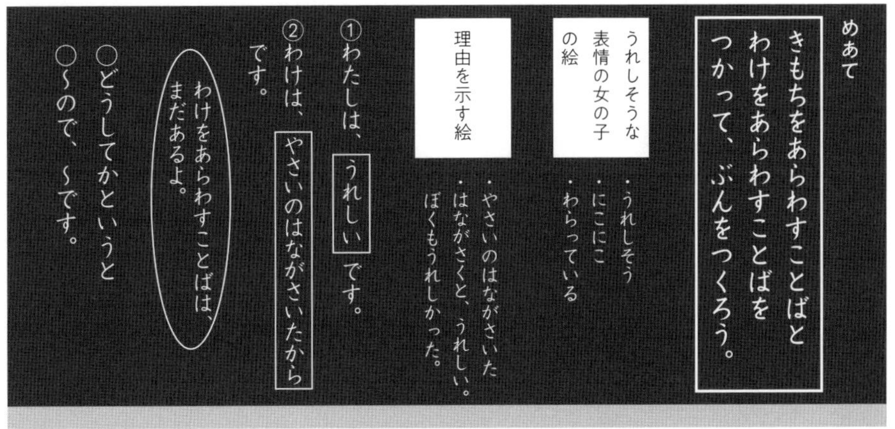

先生に伝えたい今日のニュースを書こう～せんせい，あのね

所要時間　15分　おすすめの時期　10～11月

必要な物　文例を書いた模造紙

つけたい力

事柄の順序を考えて文をつくる。

活動のねらい

文例から，今日のニュースを書くうえで必要なキーワード（いつ・どこ・だれ・なにを・した）を見つけ，それらを使って，文をつくることができるようにする。また，自分の文章を読み返し，正すことができるようにする。

活動の流れ

❶ニュースをまとめるために，必要な言葉を確認する（5分）

文例を提示し，どのような言葉が使われているのかを話し合わせる。知らせる相手は担任であることも知らせる。

T　（文例を指し）どんな言葉が使われているかな。

C　「きょう」は，「いつ」でしょ。「まえにわ」は，「場所」だね。

子どもから出たキーワードを短冊に書き，どんな言葉を使っているのか確認できるようにする。

❷知らせたいことをペアで伝え合う（2分）

書く前に口頭作文する場を設ける。また，キーワードが入っているかどうかをペアで確認させる。

T　今日，先生に知らせたいニュースをペアの人に伝えましょう。

C　今日，前庭でおにごっこをしました。

C　キーワードを全部使っているよ。

書く前に口頭作文することで，書こうとする文を意識できる。聞き手には，キーワードのカードを操作して聞くよう伝える。

❸ノートに今日のニュースを書く（8分）

文例を見ながら，①何があったか，②自分は何をしたのか，③感想の順で口頭作文した文をノートに書く。

T　話した文をノートに書きましょう。

C　黒板の文と同じ順序で，文をつくればいいんだね。

C　そうだよ。3文目は，ハートの文を書けばいいんだな。

どんな順番で書けばよいのかを確認できるように，黒板の文例を掲示する。文番号をつけながら書くよう声をかける。

評価のポイントと苦手な子への支援

ノートに書いた文で評価する。書き終えるまでに個人差があることが予想される。書き上げた子どもには，音読を促し，文のねじれや助詞の誤りがないか確認するよう声をかける。

苦手な子どもには，どんなことを伝えたいかを確認し，一緒に書いたり，また，指導者が赤鉛筆などで薄くノートに書き，なぞらせたりする。

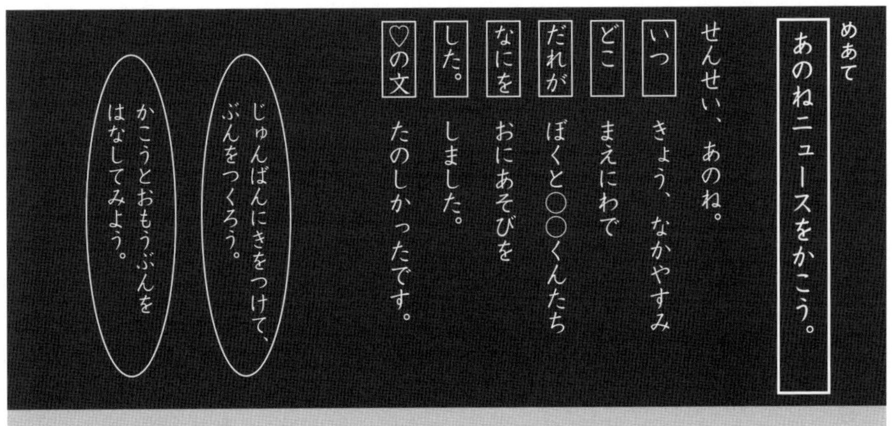

15 キーワードを基に書こう

所要時間　15分　おすすめの時期　1〜2月
必要な物　ノート

つけたい力
事柄の順序に沿って簡単な構成を考える。

活動のねらい

キーワードを並べ替えて，はじめ・中・まとめの構成からなる文章をつくることができるようにする。また，自分の文章を読み返し，助詞や読点の打ち方などの誤りを正すことができるようにする。

活動の流れ

❶キーワードを並べ替えて，３部構成の文章をつくることを知る（３分）

キーワードA「うれしい」B「あさがおのはなのかんさつ」C「むらさきいろのはな」を提示し，どのような順番に並べ替えると意味が通るが問う。

T　A・B・Cをどのような順番で並べ替えたらよいでしょうか。

C　Aは，ハートの文になるから最後。Bが最初，Cが二番目だと思う。

Point　A・B・Cのキーワードを書いた付箋紙を児童分準備し，手元で操作しながらペアで考える場面を設定する。

❷並べ替えたキーワードを文章にする（４分）

B→C→Aの順番に文型（「〜を（が）しました。」）に倣って口頭作文させる。その後，シートに文を書かせる。

T　B→C→Aの順番に口頭作文をしましょう。

C　朝顔の花の観察をしました。

C　紫色の花が咲きました。

書く前に口頭作文することで，書こうとする文を意識できる。キーワードを書いたカードを手元に置くので，安心して書くことができる。

❸4つのキーワードを並べ替えて3部構成の文をつくる（8分）

A「一かいせんはかつ」B「二かいせんはひきわけ」C「すもうのしあい」D「とてもきんちょう」のカードを3部構成になるように並べ替える。

T　A・B・C・Dをどのように並べ替えたらよいでしょうか。

C　一番大きな出来事が最初にくる。だから，Cが最初だと思う。

C　「一かいせん」は，最初の試合の意味だから，2番目にくると思う。

Point ペアで相談し，口頭作文してから書かせるようにする。並べ替えの理由が述べやすいものを題材とするとよい。

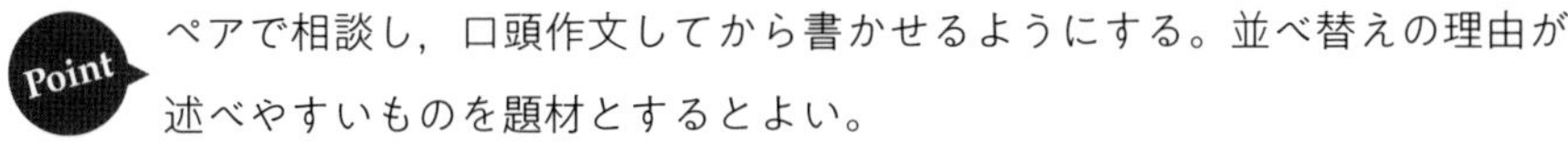

評価のポイントと苦手な子への支援

学習活動❸でつくった文章で評価する。書き終えたら，音読を促し，句読点の打ち方や文のねじれ，助詞の誤りがないか確認するよう声をかける。ペアで活動するので全くできない子どもはいないと予想されるが，そのような場合は，一文ずつ口頭作文をして書かせるようにする。

〈参考文献〉市毛勝雄編著『論理的文章の書き方指導　小学校編』明治図書，2007年

【ワークシート】

名まえ

めあて

キーワードをならべかえて、文しょうをつくろう。

A うれしい

B あさがおのはなのかんさつ

C むらさきいろのはな

← 〜を（が）ました。

B	はじめ	あさがおのはなのかんさつをしました。
C	中	むらさきいろのはながさいていました。
A	まとめ	うれしかったです。

☆れんしゅう

A 一かいせんはかつ

B 二かいせんはひきわけ

C すもうのしあい

D とてもきんちょう

C	はじめ	すもうのしあいをしました。
A	中1	一かいせんはかちました。
B	中2	二かいせんはひきわけでした。
D	まとめ	とてもきんちょうしました。

16 小さい「や」「ゆ」「よ」で文をつくろう

所要時間 15分 おすすめの時期 10～11月
必要な物 短冊用紙

つけたい力
拗音の表記を理解して文の中で使う。

活動のねらい

拗音の表記を理解し，ゲームを通して身近な物の中から拗音の表記をする言葉を集めることができるようにする。また，集めた言葉を使って条件に応じて文をつくることができるようにする。

活動の流れ

❶拗音の表記を知る（1分）

「きゃ」「きゅ」「きょ」と書いた短冊を提示し，小さい「や」「ゆ」「よ」のつく言葉を集めることを知らせる。

T　小さい「や」「ゆ」「よ」のつく言葉を集めましょう。

C　「きゃ」で始まる言葉には，「きゃべつ」があるね。

Point 「きゃ」「きゅ」「きょ」の短冊を提示することで，言葉を引き出しやすくする。

❷「きゃ」「きゅ」「きょ」ゲームをする（4分）

3～4人グループで，ゲームをする。車座になって，「きゃ，きゃ，きゃべつ。」のように，拗音の言葉集めをする。

T　小さい「や」「ゆ」「よ」のつく言葉集めゲームをしましょう。

C　きゅ，きゅ，きゅうしょく。

C　きゅ，きゅ，きゅうか。

Point ゲーム的な要素を取り入れると，言葉集めも楽しく行うことができる。グループで行うことで，発言回数が多くなる。

❸集めた言葉を使って，文をつくる（９分）

❷のグループ活動で出た言葉を短冊に書いておき，掲示する。集めた言葉を使って，文をつくる場を設ける。

T　小さい「や」「ゆ」「よ」のつく文をつくりましょう。

C　きゅうしょくのメニューは，カレーライスです。

C　きょうのきゅうしょくのメニューは，カレーライスです。

Point みんなで１文目を考え，それを板書する。この活動で，多様な小さい「や」「ゆ」「よ」のつく文が出てくる。

評価のポイントと苦手な子への支援

❸の活動では，みんなで考えた１文目をノートに視写することにも取り組ませる。その後，もう１文つくってみるよう声をかけ，書いた文で評価する。加えて，書き終わった後で音読するようすすめ，表記が正しいかを確認させる。苦手な子どもを黒板前に集め，子どもたち同士で文をつくらせ，それを板書し，ノートに視写させる。

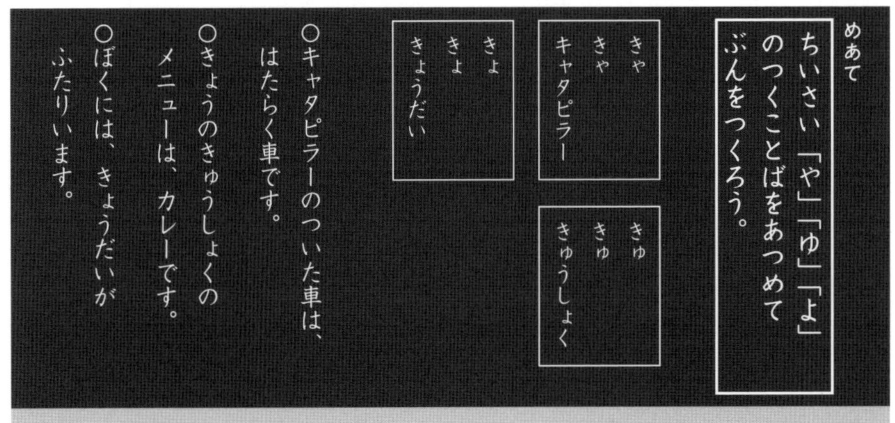

17 お手紙を完成させよう

所要時間 15分 おすすめの時期 10～11月

必要な物 短冊（例文），ワークシート，手紙（句読点のないもの）

つけたい力

句読点の打ち方を理解し，文や文章の中で使う。

活動のねらい

意味の通る文にするには，適切に句読点を書くことが必要となる。「～は」「～が」という１つのまとまりができたときには「、」（てん）を書くことや文の終わりに「。」（まる）を書くことを，文例を基に理解することができるようにする。

活動の流れ

❶読点の書き方によって，意味の違う文になることを知る（３分）

読点のない立て札の文を二通りの読点の書き方をして比べさせる。読点を書く位置の違いによって，意味の違いが生まれることに気付かせる。

T 「、」を書いて，はきものをぬぐという意味にしましょう。

C ここで、はきものをぬぎなさい。

子どもたちに「、」を書かせた後で音読する場を設け，「、」を書く位置によって，意味が異なってくることに気付くようにする。

❷適切な読点の位置を確かめる（３分）

身近な手紙を題材として取り上げ，おばあさんが読みやすい文にするにはどうしたらよいか，考えさせる。

T プリントを音読しましょう。どこに「、」をつけたらいいかな。

C おばあさんの後ろに「、」がつくよね。

C　お元気ですかの後ろに「。」がつくよ。

読点の位置だけでなく，子どもから，句点の位置についての発言も予想される。その場合は大いにほめ，句点の位置も確認する。

❸手紙に正しく句読点を打ち，視写する（９分）

ペアで確認しながら句読点を書く。その後，音読を促す。文章全体を読みながら句読点の位置を確認できるように，視写する場を設ける。

T　お手紙に「、」や「。」を書いて，完成させましょう。

C　意味がよく分かるところで切ってみよう。

C　２文目は，「きょう」のあとで「、」を書くね。

評価のポイントと苦手な子への支援

ペアで活動させるが，前後の席のペアで照らし合わせを行わせ，その後，手紙に正しく句読点を書いているか評価する。文脈の中で正しく句読点を書くことができるように，視写もさせ，その文が正しいかも評価する。

苦手な子どもには，句読点が正しい場合と正しくない場合の例を提示し，比較させながら正しい書き方を理解できるようにする。

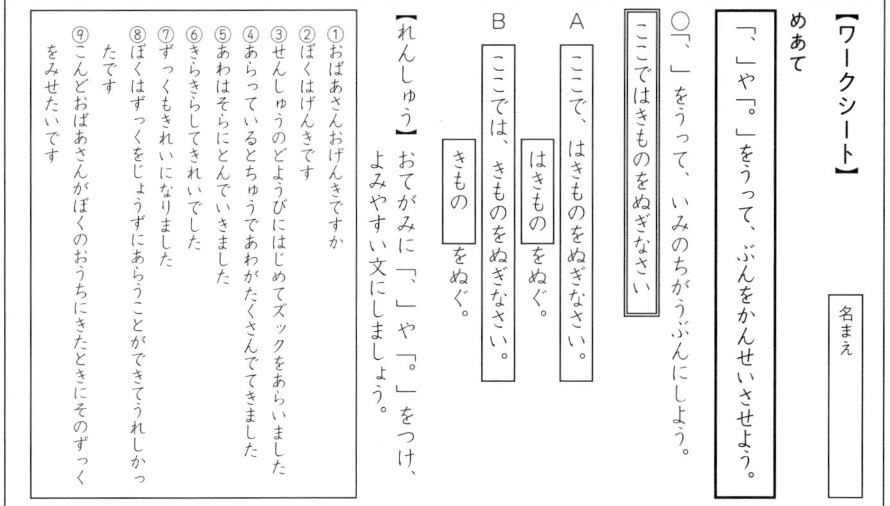

【ワークシート】

名まえ

めあて

「、」や「。」をうって、ぶんをかんせいさせよう。

○「、」をうって、いみのちがうぶんにしよう。

ここではきものをぬぎなさい

A　ここで、はきものをぬぎなさい。
はきもの　をぬぐ。

B　ここでは、きものをぬぎなさい。
きもの　をぬぐ。

【れんしゅう】おてがみに「、」や「。」をつけ、よみやすい文にしましょう。

①おばあさんおげんきですか
②ぼくはげんきです
③せんしゅうのどようびにはじめてズックをあらいました
④あらっているとちゅうであわがたくさんでてきました
⑤あわはそらにとんでいきました
⑥きらきらしてきれいでした
⑦ずっくもきれいになりました
⑧ぼくはずっくをじょうずにあらうことができてうれしかったです
⑨こんどおばあさんがぼくのおうちにきたときにそのずっくをみせたいです

18 連想ゲームをしよう

所要時間　15分　おすすめの時期　9〜10月

必要な物　ワークシート（3×3ます）

つけたい力

言葉には，事物の内容を表す働きがあることに気付く。

活動のねらい

事物を表現するときに，色や形，その他の特徴を表す言葉が必要になる。クイズづくりを通して，事物の色や形，その事物の特徴を表す言葉を書くことができるようにする。

活動の流れ

❶連想ゲームクイズをすることを知る（2分）

例としてつくったクイズを出題する。答えとなる事物の特徴を少しずつヒントとして与え，クイズづくりへの見通しを持たせる。

T　答えは何かな？　第一ヒント，毛があります。

C　毛があると言えば，猫？　それとも犬？

Point　ヒントは，すぐ答えが分かりにくいものから提示していく。自分たちでクイズを出し合うときの参考になる。

❷連想ゲームクイズをつくる（8分）

❶でつくった連想ゲームクイズを基に，クイズのつくり方を説明する。はじめに答えを決め，それから，その事物の特徴を挙げていくことを伝える。

T　まず，答えを決めましょう。答えは，真ん中に書きます。

C　犬とか，猫だとつくりやすいな。

C　ぼくは，水色バッグにするよ。ヒントがつくりやすそうだからね。

答えは，ヒントを思い浮かべやすいものを書くとよいことを助言する。ペアで異なる問題をつくらせると，多様なクイズができて，おもしろい。

❸連想ゲームクイズをする（５分）

実物投影機を使用してシートをテレビ画面に映す。答えやヒントが見えないように付箋紙を活用する。

T　形は，四角です。

C　みんな，知っているもの？

C　四角いものと言えば，ノートかな？

難しいヒントから順番出し，付箋をはずしていく。テレビを利用することで，ヒント同士を関連付けて答えを当てることが容易になる。

評価のポイントと苦手な子への支援

ペアで活動しているときの発言の様子とシートに形・色などの特徴を表す言葉を書き込んでいるかを評価する。９ますのうちの８ますに言葉を書かなくてならない。道具の場合は，用途などを入れてもよいことにする。

ペアは，意図的に編成する。そうすることで，苦手な子どもも積極的に友達と関わってクイズをつくることができる。

【ワークシート】

名まえ

めあて

れんそうゲームをしよう。

○こたえをあててもらうための ヒントをかこう。

【れい】

ニャーニャー	なく	もふもふ
ジャンプ		しっぽ
ひげ	つめ	はやい

答えは、なにかな。

○じぶんでつくってみよう。

19 お話レポーターになろう

所要時間 15分 おすすめの時期 11～12月
必要な物 ノート

つけたい力
視点を移動させ，先生や友達の様子を知らせる文を書く。

活動のねらい

先生や友達のしたことを観察して，その様子を「～が，～ました。」の文型を使って，おうちの人知らせる文を書くことができるようにする。また，文を読み返し，間違いを正したり，語と語との続き方を確かめたりできるようにする。

活動の流れ

❶先生や友達のしたことを文にすることを知る（２分）

これから，先生が何をしたかよく観察するように伝える。その後，一度教室を出て，ドアをノックし，教室に入り，電気のスイッチを押す。

T　先生は，何をしたでしょう。

C　ドアをノックしたよね。

Point　ペアで何をしたか，情報交換をさせる。そうすることで，情報を共有化することができる。また，見た順番に話すよう促す。

❷板書を基に口頭作文をする（５分）

黒板にある言葉を使って，文をつくることを知らせる。行動の順番にキーとなる言葉を並べているので，それを使うよう指示する。文型も示す。

T　レポーターになって，先生のしたことを話しましょう。

C　先生が，ドアをノックしました。

C　先生が，電気を見ました。

学習活動❷も，全体で出し合う前にペアで口頭作文させる場を設定する。順序に気を付けて話すよう助言する。

❸口頭作文した文をノートに書く（８分）

ノートにナンバリングしながら，文を書くよう指示する。１文目だけを板書し，それを参考にして書くよう助言する。

T　話したことを文でノートに書きましょう。

C　先生が，ドアをノックしました。

C　先生が，ドアをトントンとノックしました。

口頭作文後に修飾語を入れて詳しく書いている子どもを称揚する。また，音読して正しい表記ができているか確認させる。

評価のポイントと苦手な子への支援

口頭作文をしている様子を観察する。また，学習活動❸で書いた文で評価する。修飾語を使っている子どものノートをテレビに投影し，そのよさを見つける活動をすると，今後，見たことを表現する際の参考になると考える。苦手な子どもには，一緒に口頭作文をし，句点で区切ってノートに書くよう支援する。また，ノートに文を書いたものを与え，視写させる。

めあて
せんせいがしたことを
レポートしよう。

1　せんせいは、どんなことをしたかな。
①ドアをノックした
トントントン
三かい
②「しつれいします。」
けいこうとうをみあげた
③でんきのスイッチをいれた
カチッカチッカチッカチッ
四かい　スイッチが四こだから

2　せんせいがしたことをじっきょう
ちゅうけいふうにかいてみよう。
①せんせいがドアをノックしました。
②トン、トン、トン。
③三回ノックしました。
④せんせいが教室に入ってきました。
⑤せんせいがけいこうとうをみあげました。
⑥でんきのスイッチをいれました。
⑦けいこうとうのスイッチをいれました。

学校探検で見つけたものを知らせよう～保健室で見つけたよ

所要時間　15分　おすすめの時期　10～11月
必要な物　学校探検の写真

つけたい力
見つけたものの特徴（色・形など）を表す言葉を使って，表現する。

活動のねらい

学校探検で見つけたものをおうちの人に知らせる文を書かせる。おうちの人が文を読んで絵を書くことができるように，事物の特徴を表す言葉を使って，表現させる。

活動の流れ

❶保健室にどんなものがあったか話し合う（３分）

学校探検の写真を提示することで，保健室にどんなものがあったか，想起しやすくする。写真を見せた後で，ペアやグループで情報交換する。

Ｔ　保健室には，どんなものがあったでしょうか。

Ｃ　ベッドやソファーがあったよ。

ペアの情報交換は，インタビュー形式で行い，１往復半のやりとりをしながら情報交換する場を設ける。

❷保健室にあったものを発表する（３分）

保健室にあったものを板書し，その特徴をものの名前の下に書き，学習活動❸で文をつくるときの参考になるようにする。

Ｔ　保健室には，どんなものがありましたか。

Ｃ　ベッドがありました。ベッドの上に白いお布団がありました。

Ｃ　枕にも白いカバーがかかっていました。

色や形など特徴を捉えた発言を認める。できるだけ詳しく表現することができるように，ベッドの写真を拡大して提示する。

❸ベッドを例として，文をつくる（９分）

伝える相手は，おうち人であること，おうちの人が文を読んで絵を描くことができたら成功であることを伝える。つまり，相手とゴールを明確にする。

T　おうちの人が絵を描くことができるように，文を書きましょう。

C　保健室には，ベッドがあります。

C　ベッドの上には，白い布団がかけてあります。

口頭作文をさせたうえで文を書かせる。ペアで互いの文が正しく書けているか，相互評価させる。

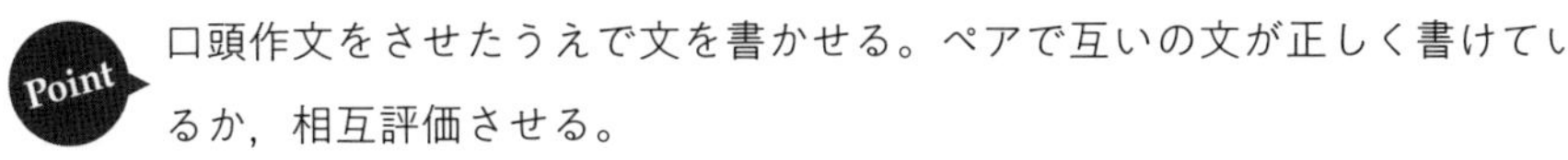

評価のポイントと苦手な子への手立て

口頭作文後，ノートにナンバリングをしながら文を書かせる。ナンバリングは，文をいくつ書いたかを意識させるために行う。この頃になると，自分の書いた文を読み返すことができるようになっているので，それが習慣となるようにしたい。教科書単元と関連させながら行うと，効果的である。苦手な子どもには，板書を参考に口頭作文しながら一緒に書く。

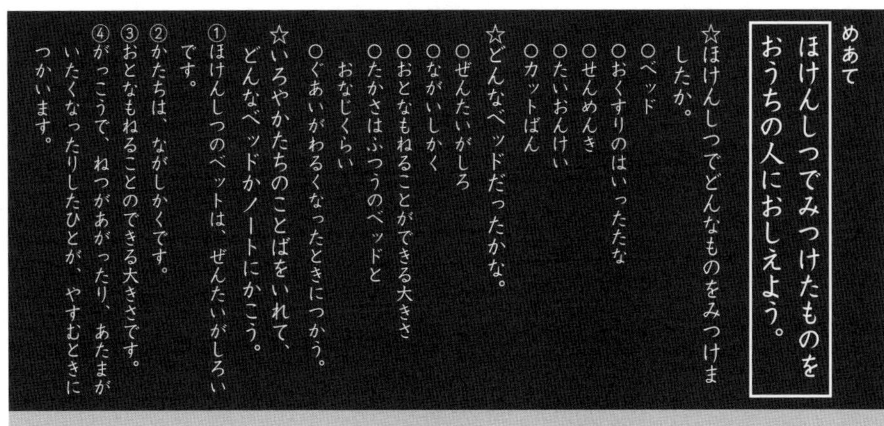

めあて
ほけんしつでみつけたものを
おうちの人におしえよう。
☆ほけんしつでどんなものをみつけま
したか。
○ベッド
○おくすりのはいったたな
○せんめんき
○たいおんけい
○カットばん
☆どんなベッドだったかな。
○ぜんたいがしろ
○ながいしかく
○おとなもねることができる大きさ
○たかさはふつうのベッドと
おなじくらい
○ぐあいがわるくなったときにつかう。
☆いろやかたちのことばをいれて、
どんなベッドかノートにかこう。
①ほけんしつのベットは、ぜんたいがしろい
です。
②かたちは、ながしかくです。
③おとなもねることのできる大きさです。
④がっこうで、ねつがあがったり、あたまが
いたくなったりしたひとが、やすむときに
つかいます。

21 カブトムシ作文を書こう

所要時間　15分　おすすめの時期　9～10月

必要な物　拡大したカブトムシの絵，作文メモ用紙，短冊用紙（色別）

つけたい力

全体から部分へと視点を移動させ，事物を描写する。

活動のねらい

カブトムシの絵を見て，全体の部分から小さな部分へと視点を移動させ，観点（色・形・数など）を基にメモすることができるようにする。また，それらを使って，文型に沿って文を書くことができるようにする。

活動の流れ

❶カブトムシの絵を見て，分かることを交流する（2分）

カブトムシの絵と拡大した作文メモを提示する。メモの観点を基に，カブトムシについて，分かることを出し合う。

T　カブトムシについて分かることを出し合いましょう。

C　体の色は，黒だよね。

Point　学習活動❸で，メモを基に書き進めることができるように，子どもから出た情報を拡大した作文メモ用紙に記入していく。

❷メモを基に口頭作文をする（5分）

自分の考えを確かにできるように，ペアで交流しながら「～は，～です。」の文型に合わせて，口頭作文させる。

T　「～は，～です。」の文をつくりましょう。

C　カブトムシの体の色は，黒です。

C　カブトムシには，大きいつのがあります。

「～は，～です。」の文型の他に「～には，～があります。」で文をつくる子どもがいると思われる。それも認めながら口頭作文させる。

❸口頭作文を基に文をつくる（８分）

短冊用紙に文を書く場を設定する。短冊用紙は，観点ごとに色別にする。全体から部分の順番で書いているか，短冊用紙の色で確認する。

T　短冊用紙に文を書きましょう。

C　カブトムシの体の色は，真っ黒です。

C　カブトムシの体の形は，マンゴーの形のようです。

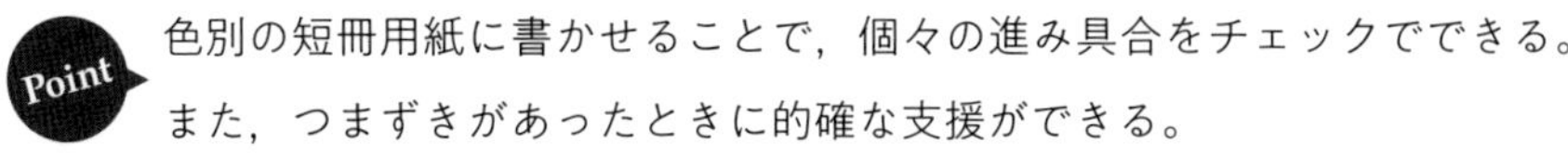

Point 色別の短冊用紙に書かせることで，個々の進み具合をチェックでできる。また，つまずきがあったときに的確な支援ができる。

評価のポイントと苦手な子への支援

学習活動❸で書いた文で評価する。書いた後に，音読を促し，助詞や文のねじれがないかを確認するよう助言する。また，付け加えたい言葉があったら行間に書き込むよう助言する。苦手な子どもには，一緒に口頭作文をし，文節で区切りながら書かせる。または，書き出しを与えて書かせる，指導者の書いた文を視写させるなどの支援を行う。

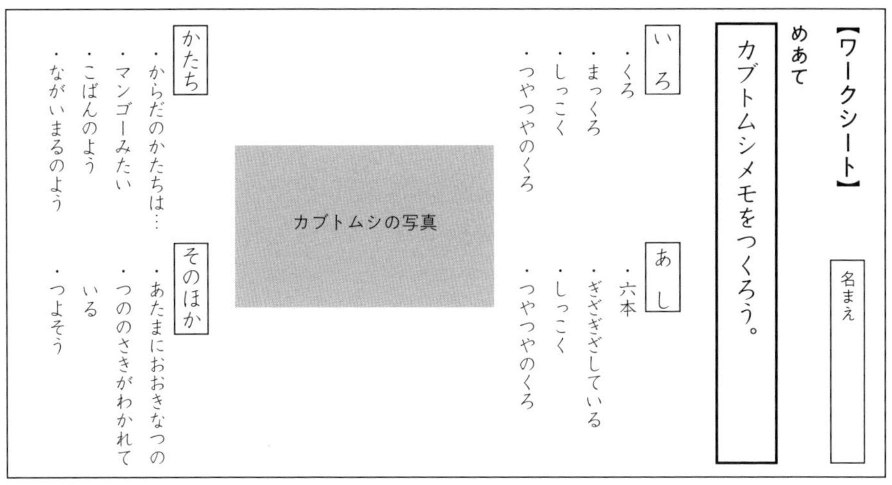

ニュースを伝えよう①
～今日の先生の服装をお知らせします

所要時間　15分　おすすめの時期　9～10月
必要な物　作文メモ用紙

つけたい力
視点を上から下へ移動させ，事物を描写する。

活動のねらい

先生の服装を見て，おうちの人に伝える文をつくる。そのために，上から下へと視点を移動させ，先生の服装を観察し，観点（形・色・比喩など）に沿ってメモをし，それを使って文をつくることができるようにする。

活動の流れ

❶先生の服装を観察し，作文メモ用紙に書く（2分）

先生の服装を観察し，色・形・比喩などの観点を記した作文メモ用紙に，見て分かることをペアの友達と交流しながら書く。

T　先生の服装をおうちの人に伝えます。まず，メモを書きましょう。

C　上の服の色は，黒だよね。形は，凧揚げのたこに似ているね。

Point　観点を示すことにより，言葉を導きやすくする。ペア交流で，同じものを観察しても，多様な表現があることに気付くことができる。

❷メモを基に口頭作文をする（5分）

メモにある言葉を使って，「～は，～です。」の文型で文を書く。文を書くときの順序は，上衣から下に来ている服の順番で書くよう指示する。

T　上に来ている服から説明していきましょう。

C　上は，黒い半袖の服です。

C　上は，黒い半そでの英語のＴの形をした服です。

多様な表現に触れることができるように，できるだけ多くの子どもたちに発表させる。

❸先生の服装を知らせる文を書く（８分）

口頭作文を基に文を書かせる場を設定する。一文書いた後で，音読をするよう促し，助詞や文のねじれ，誤字がないかをペアで確かめさせる。

T　先生の服装をおうちの人に説明する文を書きましょう。

C　先生の上の服は，黒です。

C　先生の上の服の色は，カラスの体のような真っ黒です。

Point　比喩表現も取り入れながら書く子どももいると思われる。比喩表現を取り上げて称揚し，自分で書くときの参考にさせる。

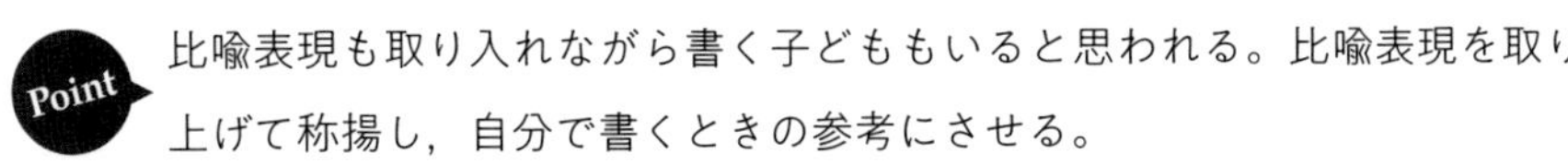

評価のポイントと苦手な子への支援

学習活動❸で，作文メモにある言葉を使いながら文をつくっているか，文がねじれていないか評価する。学習活動❷で口頭作文をしているので，多くの子どもは，自力で書くことができると考えられる。苦手な子どもがいる場合は，ペアの友達に文のつくり方を尋ねてみるよう助言したり，指導者と一緒に口頭作文をしてから書いてみるよう声をかけたりする。

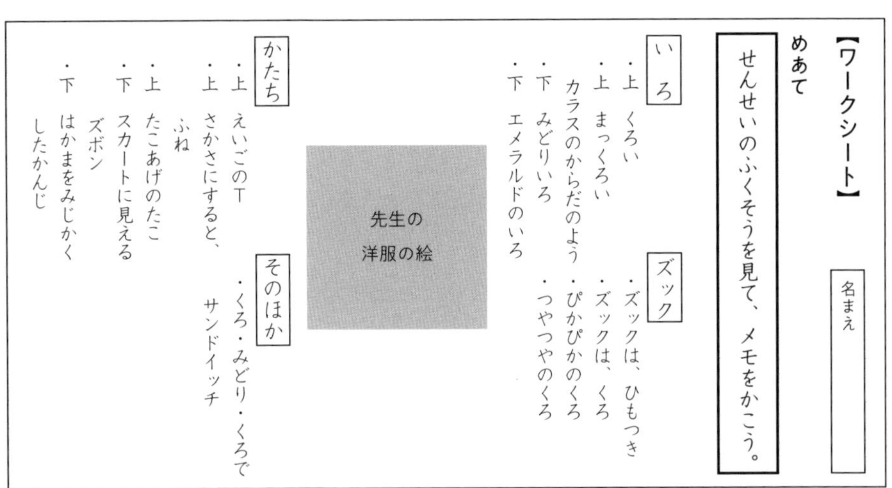

【ワークシート】

めあて

せんせいのふくそうを見て、メモをかこう。

名まえ

いろ
・上　くろい
・上　まっくろい
　カラスのからだのよう
・下　みどりいろ
・下　エメラルドのいろ

ズック
・ズックは、ひもつき
・ズックは、くろ
・ぴかぴかのくろ
・つやつやのくろ

先生の洋服の絵

かたち
・上　えいごのT
・上　さかさにすると、ふね
・上　たこあげのたこ
・下　スカートに見える　ズボン
・下　はかまをみじかく　したかんじ

そのほか
・くろ・みどり・くろで　サンドイッチ

23 ニュースを伝えよう②
～先生のハンカチ

所要時間 15分 おすすめの時期 10～11月
必要な物 作文メモ用紙，原稿用紙

つけたい力
視点を外側から内側へ移動させ，事物を描写する。

活動のねらい

先生のハンカチがどのようなハンカチか，おうちの人に伝える文を書くことを伝える。そのために，視点を外側から内側に移動させ，観点（形や色，模様など）基づいてメモを書き，それを基に文をつくる。

活動の流れ

❶先生のハンカチを観察する（2分）

ハンカチを提示し，おうちの人に先生のハンカチがどのようなものかを伝える文を書くことを知る。見て分かることをペアで交流する。

T　先生のハンカチは，どんなハンカチでしょうか。

C　水玉模様だよね。

Point おうちの人が，文を読んで絵を描くことができるような説明にすることを伝える。描写への意欲をもつことができる。

❷観察を基にメモを書く（5分）

拡大したメモ用紙を提示し，子どもから出た形・色・模様・比喩にかかわる言葉をメモに書き込む。

T　ハンカチのことで，気が付いたことをメモしましょう。

C　形は，真四角です。

C　色は，濃い青です。

発言を聞いている子どもが絵を描いてみることで，外から内へ表現した方が，おうちの人がハンカチをイメージしやすいことに気付かせる。

❸メモを基に，文を書く（８分）

メモの中にある言葉を使って文を書かせる。課題条件がメモにあるので，書きやすい。形から順に書いていくことのできる原稿用紙を準備する。

T　メモを使って，文をつくりましょう。

C　形は，色紙のような真四角です。

C　色は，紺色です。

メモには多様な表現が並んでいるので，自分が考えた言葉よりも表現するのにぴったりな言葉を使ってよいことを伝える。

評価のポイントと苦手な子への支援

学習活動❸で書いた文で評価する。形・色・模様・比喩などに関する言葉が入っているか，子どもたちが書いているときに評価していく。即時に評価すると，子どもたちは，安心して書き進めることができる。

苦手な子どもは，文がねじれやすい。必ず口頭作文をして，音声で確認してから書くよう助言する。１文できたら，すぐに称揚する。

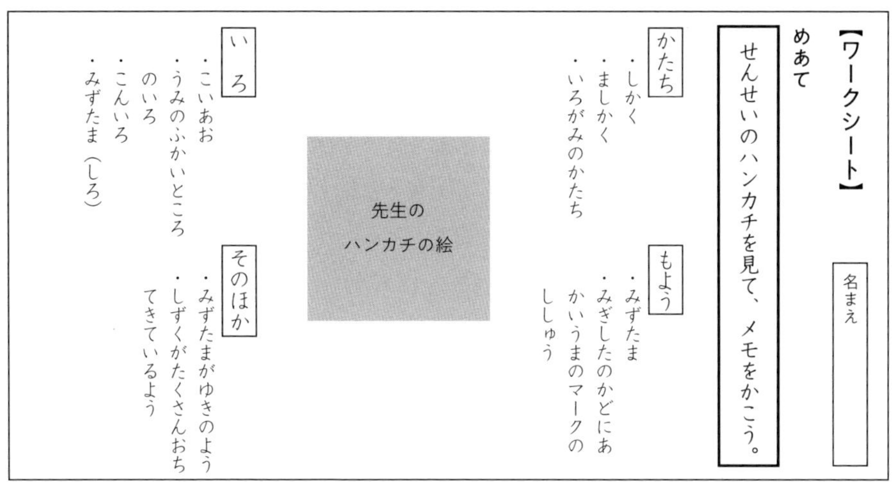
【ワークシート】

名まえ

めあて

せんせいのハンカチを見て、メモをかこう。

かたち
・しかく
・ましかく
・いろがみのかたち

もよう
・みずたま
・みぎしたのかどにあかいうまのマークのししゅう

先生のハンカチの絵

いろ
・こいあお
・うみのふかいところのいろ
・こんいろ
・みずたま（しろ）

そのほか
・みずたまがゆきのよう
・しずくがたくさんおちてきているよう

楽器の音あてクイズをしよう

所要時間　15分　おすすめの時期　11～12月

必要な物　カスタネット，トライアングルなどの楽器，ワークシート

つけたい力
カタカナで書く語の種類を知る。

活動のねらい

楽器の音あてクイズをすることを知り，聞いた音を言葉で表現できるようにする。また，音はカタカナで表記することを知り，音をカタカナで表現し，文型に沿って文をつくることができるようにする。

活動の流れ

❶音あてクイズをすることを知る（1分）

カスタネット，トライアングル，すず，シンバルを準備する。これから，4つの楽器の音を聞いて，楽器の名前をあてるクイズをすることを伝える。

T　これから，楽器の音あてクイズをします。

C　どんな楽器かな。楽しみだな。

Point　クイズやゲームは，子どもたちが大好きである。子どもたちが，わくわくするような場を設定することも大事である。

❷音を聞いて，言葉で表現する（6分）

子どもたちに机に伏せるよう指示し，カスタネットから順番に音を聞かせる。どのような音に聞こえたか，楽器は何かを発表させる。

T　（カスタネットをたたいて）どんな音かな？　楽器の名前は，何？

C　カタッ，カタッ，カタッって聞こえました。

C　ぼくは，違う音に聞こえたよ。きっと，カスタネットだと思う。

楽器名をあてるのはなく，音を表現させることが大切である。子どもから出た聞こえた音をカタカナで板書していく。

❸板書を基に，文をつくる（８分）

音の表現と楽器名の部分を伏せ字にしたワークシートを準備しておく。音と楽器名だけを記入すればよいので，苦手な子どもにも負荷がかからない。

T　黒板の言葉をワークシートに書き写しましょう。

C　トライアングルの音は，チーン，チーンだと思ったな。

C　チリーン，チリーンって，ぼくには聞こえたよ。

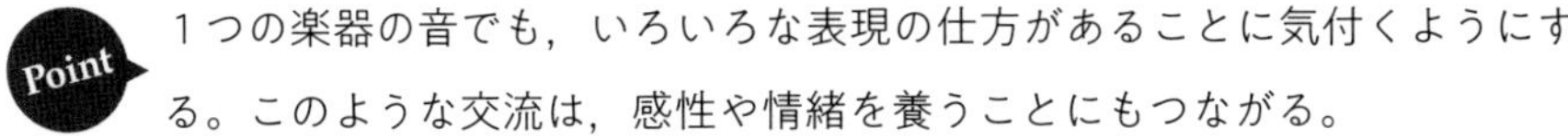

１つの楽器の音でも，いろいろな表現の仕方があることに気付くようにする。このような交流は，感性や情緒を養うことにもつながる。

評価のポイントと苦手な子への支援

学習活動❸で，板書にある音や楽器をカタカナで表記しているかを評価する。作業の速い子どもには，書き終えた後で，文型に沿って音読するよう指示する。その際，音の部分の読み方を工夫してみるよう声をかける。

カタカナを表記することが苦手な子どももいると考えられるので，実物投影機を使って苦手な文字をテレビに投影して書かせるようにする。

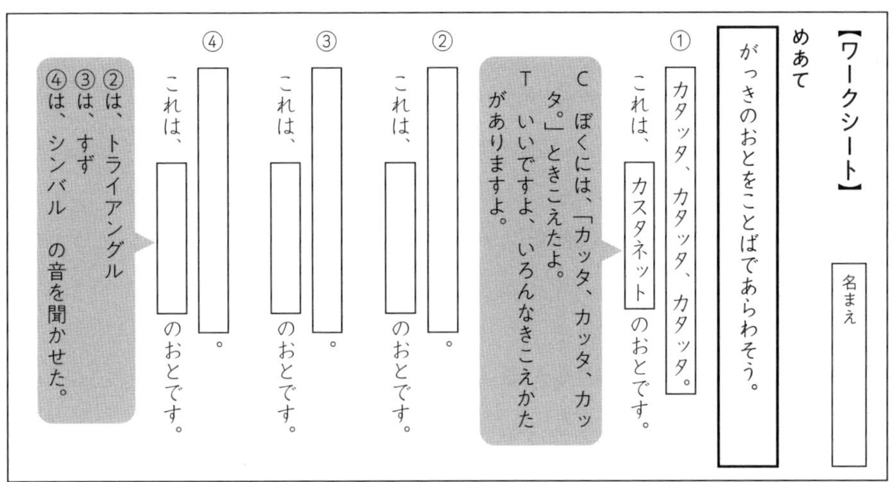

【ワークシート】

名まえ

めあて

がっきのおとをことばであらわそう。

①　カタッタ、カタッタ、カタッタ。

これは、カスタネット のおとです。

C　ぼくには、「カッタ、カッタ、カッタ。」ときこえたよ。

T　いいですよ、いろんなきこえかたがありますよ。

②　□。

これは、□ のおとです。

③　□。

これは、□ のおとです。

④　□。

これは、□ のおとです。

②は、トライアングル　③は、すず　④は、シンバル　の音を聞かせた。

25 登校するまでのお話をつくろう

所要時間　15分　**おすすめの時期**　11～12月
必要な物　例文，ノート

つけたい力
時間の順序に沿ってしたことを書く。

活動のねらい

朝起きてから登校するまでの自分でしたことを友達に伝えることを知る。書くための具体的な事柄を考えたり見つけたりすることを通して，時系列で構成した短作文を書くことができるようにする。

活動の流れ

❶登校するまでのお話を書くことを知る（3分）

今朝の先生が登校するまでの行動を知らせることで，自分でも友達に登校するまでの行動を知らせようとする意欲をもたせる。

T　これから，登校するまでに先生が何をしたかお話します。

C　先生は，何をしたのかな。わたしと同じところあるのかな。

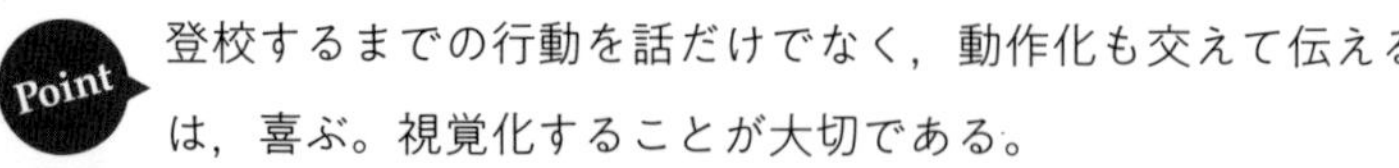

Point 登校するまでの行動を話だけでなく，動作化も交えて伝えると子どもたちは，喜ぶ。視覚化することが大切である。

❷登校するまでの自分の行動をペアの友達と伝え合う（4分）

ペアで登校するまでの様子を伝え合わせるが，「～さんが登校するまでにしたことを教えてください。」から伝え合いを始めるよう指示する。

T　ペアの友達に登校するまでにしたことを順番に伝えましょう。

C　Aさんが登校するまでにしたことを教えてください。

C　ぼくは，今朝，6時に起きました。

途中で何を話すか忘れてしまわないように，指導者が登校するまでにしたことを表す絵やキーワードを提示しておく。

❸登校するまでのお話をつくる（8分）

口頭作文を基にお話をつくる。文意識をもたせるために，１文ずつナンバリングしてノートに書くよう指示する。

T　登校するまでのお話をノートに書きましょう。

C　ぼくは，今朝，6時半に起きました。

C　朝ごはんを食べました。トーストと目玉焼きでした。

接続語を使わないで書くよう指示する。課題条件として，文の数の目安を6文程度として提示する。

評価のポイントと苦手な子への支援

学習活動❷の口頭作文が学習活動❸に生かされているか，❸のノートの記述で評価する。作業の速い子どもには，書き終えた後で，文型に沿って音読したり，動作化したりしてみるよう伝える。苦手な子どもとは，口頭作文をしながら一緒に書く。動作化をみんなで見合い，何をしているところか話し合わせるのもおもしろい。

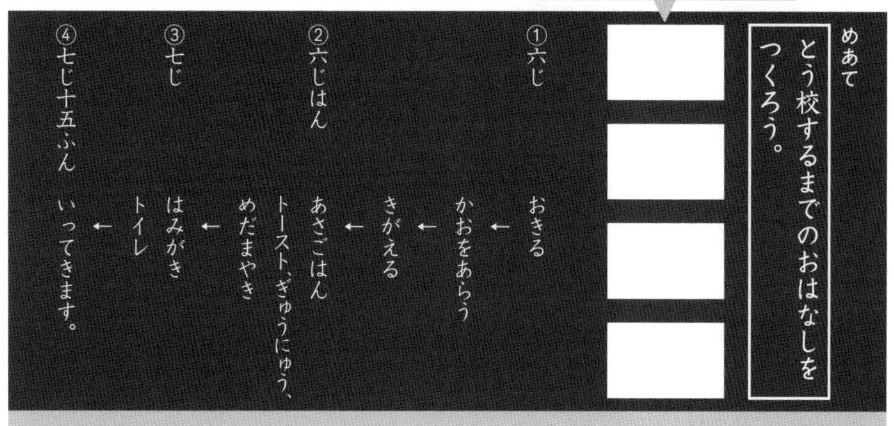

朝のしたことを描いた絵
めあて
とう校するまでのおはなしをつくろう。
①六じ
おきる←
かおをあらう←
きがえる←
②六じはん
あさごはん
トースト，ぎゅうにゅう，めだまやき←
③七じ
はみがき←
トイレ←
④七じ十五ふん
いってきます。

26 食レポをしよう

所要時間　15分　おすすめの時期　10～11月

必要な物　給食の写真（子どもたちに人気のある），ワークシート

つけたい力
事柄の順序に沿って簡単な構成を考えて書く。

活動のねらい

人気のある給食の献立の写真を見て，食べる順番をおうちの人に知らせる文を書くことを知る。順序を表す言葉や感想を表す言葉を使って，順序を意識した構成で短作文を書くことができるようにする。

活動の流れ

❶人気のある給食の献立について話し合う（2分）

給食の中で好きなメニュは一何かについて話し合う。話しやすいように，献立表（ふりがなつき）を準備しておく。

T　給食の中で好きな食べ物を教えてください。

C　昨日のひじき，おいしかったなあ。

Point　人気のある献立について事前に調べておき，その写真を撮影しておく。実物の写真があると，話がしやすい。

❷食べる順番について，話し合う（5分）

食べる順番を口頭作文する。「まず」「つぎに」「それから」「さいごに」という言葉を使って表現するよう指示する。

T　どの順番で食べますか。

C　まず，みそ汁です。

C　次に，さばの味噌煮です。

Point 「まず」「つぎに」「それから」「さいごに」という短冊を掲示しておく。また，食べ物の味の感想も付け加えるよう指示する。

❸食レポ作文を書く（８分）

ワークシートに口頭作文を基に，順序を意識した言葉を使って，食レポ作文を書く場を設定する。感想を表す言葉は，吹き出しに書かせる。

T　お話したことを基に，食レポ作文を書きましょう。

C　まず，みそ汁を食べます。おだしがきいているなあ。

C　次に，さばの味噌煮を食べます。とろけるようなおいしさだ。

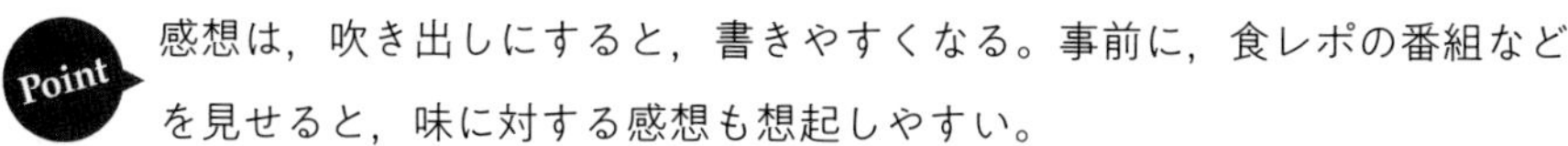

Point 感想は，吹き出しにすると，書きやすくなる。事前に，食レポの番組などを見せると，味に対する感想も想起しやすい。

評価のポイントと苦手な子への支援

学習活動❸で書いたワークシートで評価する。食べる順番については，書くことができるが，感想を書くことが難しいと感じる子どももいると考えられる。作業の進み具合によっては，書くことを一時停止させ，できた子どもの作品を紹介するなどの手立てをとる。このような手立ては，苦手な子どもにとっても有効であると考える。

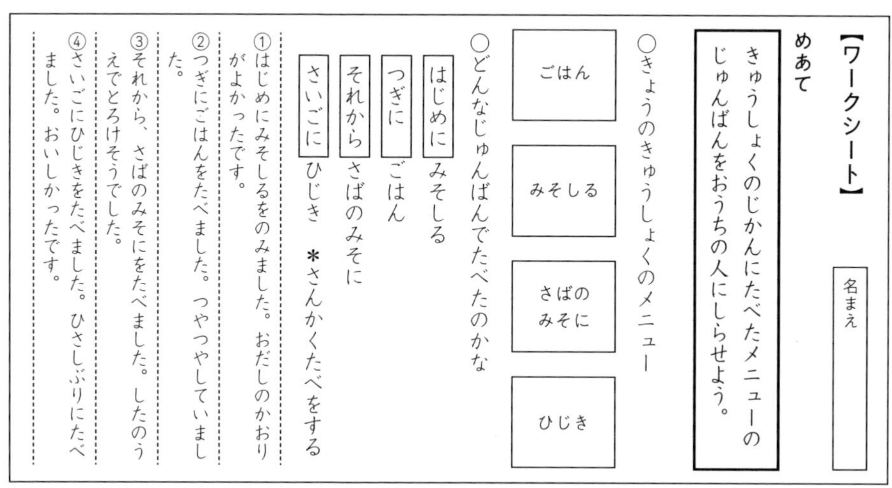

【ワークシート】

名まえ

めあて

きゅうしょくのじかんにたべたメニューのじゅんばんをおうちの人にしらせよう。

○きょうのきゅうしょくのメニュー

ごはん

みそしる

さばのみそに

ひじき

○どんなじゅんばんでたべたのかな

はじめに　みそしる

つぎに　ごはん

それから　さばのみそに

さいごに　ひじき　＊さんかくたべをする

①はじめにみそしるをのみました。おだしのかおりがよかったです。

②つぎにごはんをたべました。つやつやしていました。

③それから、さばのみそにをたべました。したのうえでとろけそうでした。

④さいごにひじきをたべました。ひさしぶりにたべました。おいしかったです。

おしゃべり作文を書こう

所要時間 15分 おすすめの時期 8～9月
必要な物 ノート

つけたい力
かぎ（「 」）の使い方を理解して文の中で使う。

活動のねらい

1年生では，会話文におけるかぎの使い方に注意し，意識させていくことがねらいとなる。「おおきなかぶ」の会話文を取り上げ，かぎが使われていることを確認させ，「 」を正しく使って文を書くことができるようにする。

活動の流れ

❶「おおきなかぶ」を音読する（3分）

地の文と会話文の役割を音読する。「おおきなかぶ」でつくった「音読のわざ」ブックを活用するよう指示する。会話文の「 」は，抜いておく。

T　音読のわざブックの会話文の読み方を使って，音読しましょう。

C　「うん」と「どっ」を弾いて音読するんだったね。

Point　既習の教材を活用することで，「 」がどこにつくのかを知っているので，安心して活動に取り組むことができる。

❷「 」をマーキングする（3分）

会話文のかぎ（「 」）を赤鉛筆でなぞらせる。マーキングさせることで，会話文にはかぎを使用することを理解できるようにする。

T　かぎ（「 」）を赤鉛筆でなぞりましょう。

C　かぎって「 」のことだよね。

C　そうだよ，話した言葉にかぎをつけるんだよ。

既習の教材を活用しているので，会話文を見つけやすい。子どもたちは，安心して活動に取り組むことができる。

❸友達が話したことをかぎを使って表す（９分）

代表児童に話してほしいことを伝え，それを「○○君が，『　』と言いました。」の文型で書く場を設定する。

Ｔ　Ａさんが話したことをノートに書きましょう。

Ｃ　Ａさんが，「おはよう」と言いました。

正確に書くことができるように，書き方の例を示す。子どもたちは，友達が話したことを楽しんで書いていく。

評価のポイントと苦手な子への支援

学習活動❸のノートに書いた文で評価する。高学年でも，会話文の書き方が定着しづらいことを鑑みると，１年生の段階の指導は大切である。正しい書き表し方を理解できるようにするために，ますのノートを使わせる。苦手な子どもには，指導者がノートに書いたものを視写させたり，ノートに赤鉛筆で薄く書いたものをなぞらせたりする。

【ワークシート】

めあて

かいわぶんに「　」をつけよう。

名まえ

おじいさんが　かぶのたねを……。

あまい　あまい……。

おおきな　おおきな……。

おじいさんは、おばあさんを……

うんとこしょ。

どっこいしょ。

それでも、……。

※学習活動❶❷で使用。「おおきなかぶ」の教科書本文から、「　」だけを抜いたものを掲載。

28 休み時間ニュースを書こう

所要時間　15分　おすすめの時期　8～9月
必要な物　ワークシート

つけたい力
事柄の順序に沿って簡単な構成を考える。

活動のねらい

1文目に「いつ」「どこで」「だれが」「なにを」「した」の順序で話題文を書く。話題文の中から，書くための具体的な事柄を考えたり見つけたりして，順序を意識した構成の短作文を書くことができるようにする。

活動の流れ

❶休み時間にしたことを出し合う（2分）

休み時間の出来事をニュースにすることを知る。そのために，休み時間にしたことを思い起こさせる。

T　休み時間ニュースを書きます。休み時間に何をしましたか？

C　休み時間に，おにごっこをしました。

黒板に「いつ」「どこ」「だれが」「なにを」「した」の短冊カード（色別）を掲示しておく。短冊カードに沿って話すよう指示する。

❷友達の話題文を参考に，自分の話題文を書く（6分）

学習活動❶で代表の子どもが話した文を板書しておく。それを参考に自分の話題文を書く場を設ける。

T　自分のいつ・どこで・だれが・なにを・した文を書きましょう。

C　ぼくは，体育館でなわとびをしたよ。

C　わたしは，教室でおえかきをしたよ。

Point 「いつ」「どこ」「だれが」「なにを」「した」を書いたワークシートを準備しておく。キーワードがあると，話題文が書きやすい。

❸２文目を考えて書く（７分）

２文目は感想（子どもたちには，ハートの文と伝える）を書くよう指示する。自分で口頭作文をし，さらに，ペアの友達にも話すよう伝える。

T　２文目にハートの文を書きましょう。

C　鬼につかまって，残念だったよ。

C　まえとびが40回とべて，うれしかったよ。

書いた文をニュースキャスターになって読む場を設定する。「話すこと・聞くこと」の活動と重ねて行うと，意欲的に表現できる。

評価のポイントと苦手な子への支援

学習活動❷❸で書いた文で評価する。２文目は，理由を表す内容も入れるので，ハードルが高くなる。気持ちを表す言葉だけでなく，理由を表す内容が入っているか，確認するよう声をかけける。書いたら読み返し，助詞を適切に使っているか確認させる。

苦手な子どもには，キーワードに沿って話をさせ，それを基に一緒に書く。

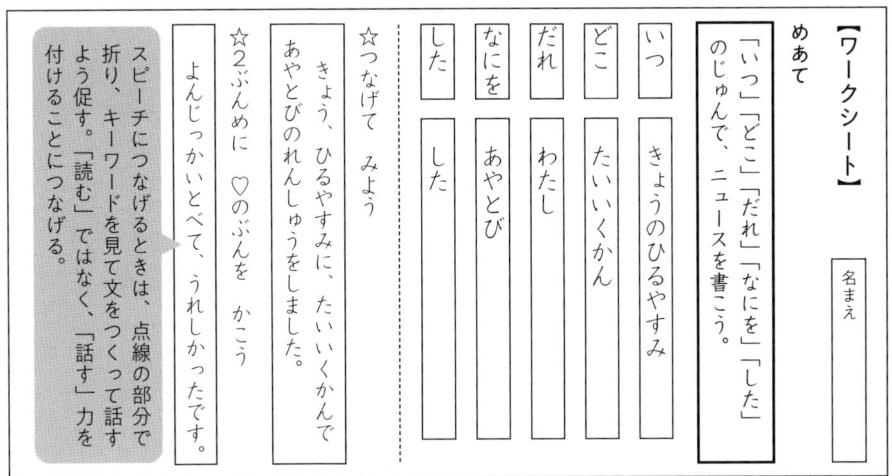
【ワークシート】　名まえ

めあて

「いつ」「どこ」「だれ」「なにを」「した」のじゅんで、ニュースを書こう。

いつ　きょうのひるやすみ

どこ　たいいくかん

だれ　わたし

なにを　あやとび

した　した

☆つなげて　みよう

きょう、ひるやすみに、たいいくかんで　あやとびのれんしゅうをしました。

☆2ぶんめに　♡のぶんを　かこう

よんじっかいとべて、うれしかったです。

スピーチにつなげるときは、点線の部分で折り、キーワードを見て文をつくって話すよう促す。「読む」ではなく、「話す」力を付けることにつなげる。

29 友達クイズをつくろう

所要時間　15分　おすすめの時期　7～8月
必要な物　作文メモ，ワークシート

つけたい力
身近なものの中から情報を集める。

活動のねらい

友達の好きな食べ物やペット，兄弟がいるかいないか，身長，町内名などの情報を集め，友達のクイズをつくることができるようにする。また，ヒントを出す順序について考えることができるようにする。

活動の流れ

❶ペアをつくって，お互いの情報を集める（5分）

観点（好きな食べ物・ペット・スポーツ，兄弟の有無や人数，身長，町内名）を記したワークシートを準備しておき，それを基に互いの情報を集める。

T　クイズをつくるために，ペアの友達にインタビューしましょう。

C　Aさんの好きな食べ物は，何ですか？

Point　ペアはくじ引きなどで決めると，子どもが喜ぶ。あまりよく知らない人とペアになることもあるので，親しくなるきっかけになる。

❷集めた情報を基に，クイズをつくる（7分）

ヒントを話す優先順位を決めて，クイズをつくる。ヒントの数は，5つ程度が適当であるが，学級の実態に応じて判断する。

T　ヒントを出すごとに誰か分かるように，クイズをつくりましょう。

C　食べ物からつくろう。

C　ペットからいうと，すぐに誰か分かっちゃうかな？

ヒントの順序については，例を示す必要がある。例を示すときは，不備なものを示し，どのような順番にしたらよいのか，話し合わせる。

❸クイズを出す（３分）

クイズができた子どもに発表させる場を設ける。一度では聞き逃すことも考えられるので，二度，ヒントを話すよう指示する。

T　それでは，Bさんにクイズを出してもらいましょう。

C　犬が好きで，２匹飼っています。

C　女の子です。

Point 一度に全員分を扱うと飽きてしまうので，朝の会や帰りの会で扱うようにする。話し手は適切な速さと声の大きさで話すようになる。

評価のポイントと苦手な子への支援

学習活動❷で評価する。❷では，色別の付箋にヒントを書かせ，どの順番で話すか，付箋に書いてある文で評価する。苦手な子どもには，友達と一緒に考えてみるよう助言する。本事例は，話すこと・聞くことの単元と関連付けて行うと，効果がある。

〈参考文献〉青山由紀『子どもを国語好きにする授業アイデア』学事出版，2006年

【ワークシート】

名まえ

めあて

ともだちにインタビューして，クイズをつくろう。

1　ともだちにインタビューしよう。

①すきなたべもの

②ペット

③きょうだい

④しんちょう

⑤ちょうないのなまえ

2　ヒントのじゅんばんをかんがえよう。

□
□
□
□
□

なかよし集会の招待状を書こう

所要時間 15分 おすすめの時期 12～1月

必要な物 短冊用紙，ワークシート

つけたい力

必要な事柄を集めたり確かめたりして，伝えたいことを明確にする。

活動のねらい

２月上旬に予定されている，保育園・幼稚園の年長児を招いて行う「なかよし集会」の招待状を書くために必要な情報を集め，書くことの順序を決めて招待状を書くことができるようにする。

活動の流れ

❶なかよし集会について情報をあつめる（２分）

生活科の学習で幼稚園や保育園の年長組の園児と招いてなかよし集会をすることを知る。

T　なかよし集会の招待状をつくりましょう。

C　いつ，どこでやるのかな？

Point 「『なかよし集会に来てください。』で，年長さんたちは，集会に来てくれるかな？」と投げかけ，必要な情報は何か考えさせる。

❷必要な情報を整理する（５分）

子どもたちが挙げるときやところなどの情報を短冊に書いて掲示し，詳しく書くことや書く順番について考える場を設ける。

T　どの順番で書いたらいいでしょうか。

C　レインボーカードの順番で書くといいと思います。

C　日にちだけでなく，時間も知らせた方がいいと思います。

「話すこと・聞くこと」の時間に使っているレインボーカード（いつ・どこ・だれ・なにを・する）の活用を促す。

❸招待状を書く（8分）

ワークシートに「いつ・どこ・だれ・なにを・する」の順に書く。モデル文を基に，最後に最も知らせたいこと１～２文で書くよう指示する。

T　招待状を書きましょう。最後におすすめの一言も書きましょう。

C　黒板にあることを順番に書くといいね。

C　最後に「学校の中を案内します。お楽しみに。」って書こうかな。

最も知らせたいことについては，例文を示したり，子どもたちに投げかけたりして文例を引き出すようにする。

評価のポイントと苦手な子への支援

学習活動❸で書いた招待状に必要な情報が順番に書かれているかを評価する。苦手な子どもには，モデルを示してそれを基に書かせたり，指導者と一緒に書く場を設けたりする。

「話すこと・聞くこと」の単元で活用することの多いレインボーカードは，書くときにも有効である。

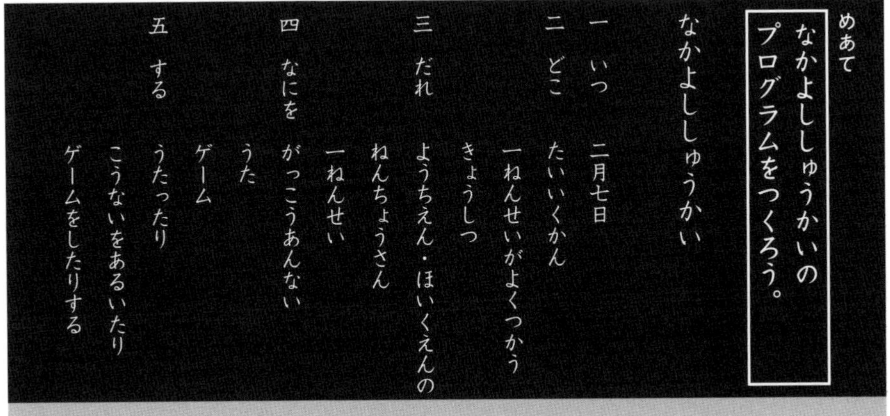

めあて
なかよししゅうかいのプログラムをつくろう。
なかよししゅうかい
一　いつ　二月七日
二　どこ　たいいくかん
一ねんせいがよくつかう
きょうしつ
三　だれ　ようちえん・ほいくえんの
ねんちょうさん
一ねんせい
四　なにを　がっこうあんない
うた
ゲーム
五　する　うたったり
こうないをあるいたり
ゲームをしたりする

Chapter 3

小学2年の「書くこと」ミニ活動アイデア

31 「あ」のつく言葉を集めよう（4文字）

所要時間　15分　おすすめの時期　4～5月
必要な物　ワークシート，短冊カード，五十音表

つけたい力
「ことば」に興味をもち，語彙を増やす。

活動のねらい

「あ」のつく2文字の言葉を基に，4文字の言葉を探すことができるようにする。また，「あ」のつく4文字の言葉を使って，条件に応じて文をつくることができるようにする。

活動の流れ

❶「あ」のつく2文字の言葉を集める（3分）

「あ」と書いた短冊カードを10枚黒板に掲示し，「あ」のつく言葉集めをペアですることを知る。

T　ペアで「あ」のつく2文字の言葉を集めましょう。

C　あい・あう・あか・あお・あさ…たくさんあるなあ。

Point　五十音表を準備し，ペアで話し合わせる。一人だと気付かなくとも，ペアで協力すると，たくさんさがすことができる。

❷2文字の言葉を基に4文字の言葉を集める（4分）

掲示された「あ」のつく2文字の言葉を基に，4文字の言葉を集める場を設定する。

T　2文字の言葉を4文字の言葉に変身させましょう。

C　あし＋あとであしあと。

C　足し算言葉にすればいいんだね。

複合語について，１年生で学習済みである。１年生の学習を想起しながら進めてみるよう声をかける。

❸「あ」のつく４文字の言葉を使って，文をつくる（８分）

学習活動❷で集めた言葉を使って，文をつくることを知る。出てきた言葉を１つ使って例文をつくることができないか，投げかける。

T 「あしあと」を使った文をつくることができないかな？

C 動物の足跡があった。

C 朝，家の前に動物の足跡があった。

Point ２番目の文例のように「いつ」「どこ」を加えた文例を称揚し，「いつ」「どこ」も入れてみようと条件を課す。

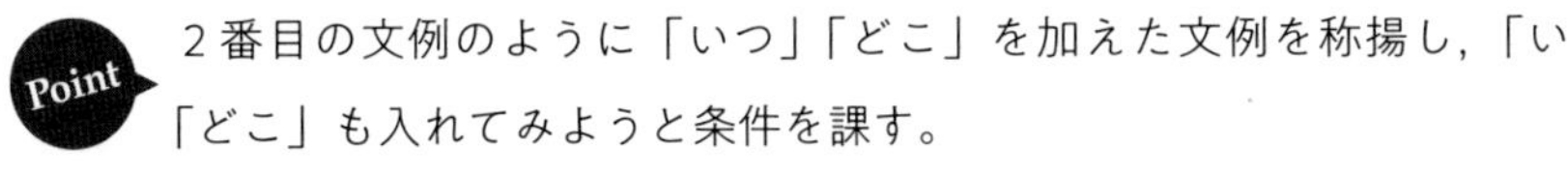

評価のポイントと苦手な子への支援

学習活動❸で４文字の言葉を使って文をつくっているかを評価する。書くことが苦手な子どももいるので，「いつ」「どこ」に関連した言葉を入れることを必須としない。

苦手な子どもに，１文目を一緒につくり，２文目からは自分でつくらせる。

〈参考文献〉鈴木清隆『「ことば遊び」で国語授業を楽しく』明治図書，1994年

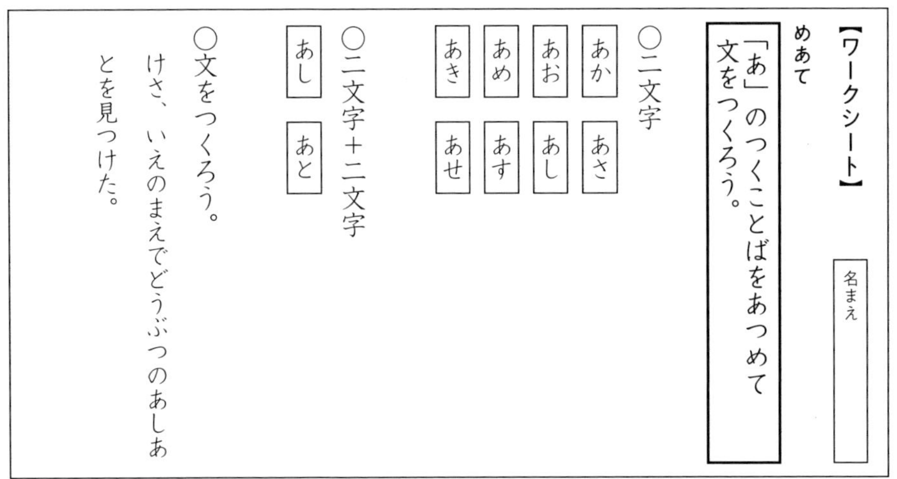

【ワークシート】

名まえ

めあて

「あ」のつくことばをあつめて文をつくろう。

○二文字

あか　あさ

あお　あし

あめ　あす

あき　あせ

○二文字＋二文字

あし　あと

○文をつくろう。

けさ、いえのまえでどうぶつのあしあとを見つけた。

32 スリーヒントクイズをつくろう

所要時間 15分 おすすめの時期 4～5月
必要な物 ワークシート

つけたい力
経験したことから必要な事柄を集め，伝えたいことを明確にする。

活動のねらい

1年生との集会でスリーヒントクイズを出すことを知る。そのために，校内にある，1年生もよく見たり使ったりする事物について，ある場所や形状，色，用途などについて情報を集め，クイズをつくることができるようにする。

活動の流れ

❶スリーヒントクイズをつくることを知る（2分）

モデルのクイズを聞いて，答えを考えさせる。ヒントは，3つまでとし，どのような事柄がヒントになるのかを捉えさせる。

T これから，スリーヒントクイズを出します。

C どんなクイズかな。

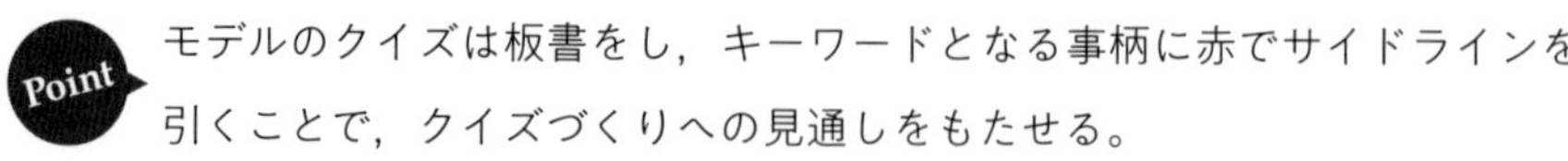
Point
モデルのクイズは板書をし，キーワードとなる事柄に赤でサイドラインを引くことで，クイズづくりへの見通しをもたせる。

❷スリーヒントクイズをつくる（7分）

モデルにあるように，場所→形や色→用途の順にクイズをつくることを確認する。答えを先に決めてからヒントを考えるよう指示する。

T まず，答えを決めましょう。

C 答えを黒板にしよう。

C 形は横の長四角で，色は，くらい緑色だね。

活動はペアで行わせる。ペアで活動させることで，キーワードや文型を確認しながら書くことができる。

❸スリーヒントクイズを発表する（6分）

つくったクイズ発表し，答えを想定しやすい内容になっているか，全体で検討し合う場を設定する。

T　スリーヒントクイズを発表しましょう。

C　体育館にあります。

C　リレーのときに使います。

用途が2番目にきても，答えを絞りやすい場合もある。そのようなクイズでもよいことを認める。

評価のポイントと苦手な子への支援

学習活動❷と❸で，モデルのようなクイズができたかを評価する。ペアで活動させるので，クイズをつくることのできない子どもはいないと思われる。ペア活動の際，作業が停滞している場合は，モデルと比較するよう声をかけたり，作業の進んでいるペアに助言を求めるようアドバイスしたりする。つくったクイズは，音読をして，ねじれがないか確かめさせる。

【ワークシート】

めあて　**スリーヒントクイズをつくろう。**

名まえ

○一年生が学校でよくつかうものについて、スリーヒントクイズをつくる。

【れい】①音がくしつにあります。←へや
②いろは、くろです。←いろ
③ひくと音がでます。←なにができるか
こたえは、ピアノです。

☆こたえをきめてから、スリーヒントクイズをつくりましょう。

①

②

③

こたえは、　　　　です。

33 カードであそぼう ～あわせめいし

所要時間 15分 おすすめの時期 5～6月
必要な物 短冊（水色とピンク，2枚で合わせ名詞になる）

つけたい力
語彙を豊かにする。

活動のねらい

複合語とは，語構成において2つ以上の語根によって形成された語を言う。神経衰弱ゲームを通して，複合語（本実践では，名詞＋名詞）をつくることができるようにする。

活動の流れ

❶神経衰弱ゲームをすることを知る（2分）

裏返しした水色とピンクのカードを1枚ずつひいて，複合語（あわせめいし）をつくることを知る。

T これから，神経衰弱ゲームをします。

C 家族でやったことがあるよ。

神経衰弱ゲームについては，知らない子どももいると思われる。やり方を模造紙に書いて掲示する。

❷神経衰弱ゲームをする（7分）

グループ（3～4人）に1セット（5組程度）のカードを配付する。色別にカードを置くよう指示する。

T 水色のカードを上に，ピンクのカードを下におきましょう。

C 水色から先に裏返すといいんだね。

C ピンクと合わせて意味のある言葉になると，ゲットできるよ。

ゲームを始める前に，水色のカードを裏返し，次にピンクのカードを裏返すことを具体的に示す。

❸複合語（「あわせめいし」）をノートに記録する（６分）

できた複合語をノートに記録する。そのままつながる名詞もあれば，連濁になる名詞もあることに気付くようにする。

T　できたあわせめいしをノートに記録しましょう。

C　ごま＋しおは，ごましおだね。

C　犬＋こやは，犬小屋になるね。あれ，「こや」が「ごや」になるな。

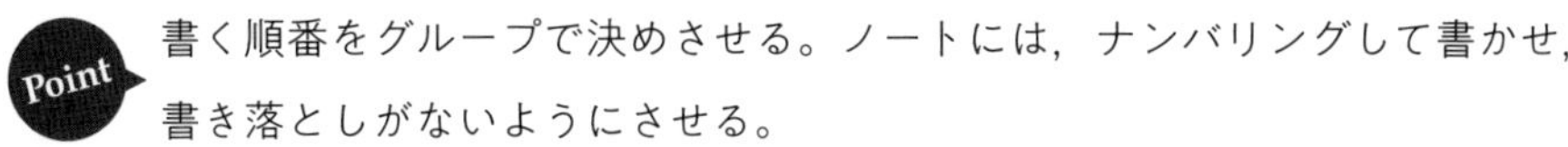

書く順番をグループで決めさせる。ノートには，ナンバリングして書かせ，書き落としがないようにさせる。

評価のポイントと苦手な子への支援

学習活動❷のゲームの場面で，複合語をつくっているかを評価する。語彙の豊かな子どもは，たやすく複合語をつくると思われる。ゲームにすることで，自然に対話が生まれ，連濁になる複合語があることに気付くことができると思われる。

カードは，裏返しておく。

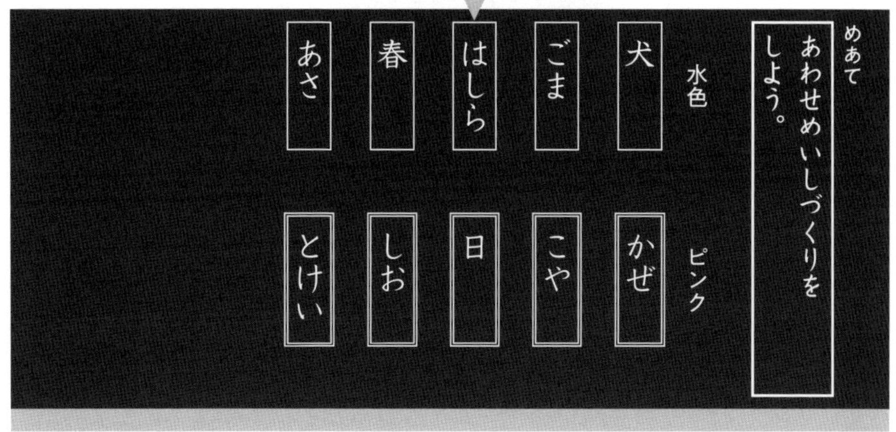

ジャスチャーゲームをしよう

所要時間 15分 おすすめの時期 6～7月
必要な物 ことわざカード

つけたい力
ことわざの動作化を通して，言葉の豊かさに気付く。

活動のねらい

長く親しまれていることわざを知っている子どもは多いが，その意味を知っている子どもは少ない。ことわざを動作化することによって，ことわざの意味を捉えたり，言葉の豊かさに気付いたりすることができるようにする。

活動の流れ

❶ことわざを動作化するゲームをすることを知る（2分）

代表児童に「急がば回れ」を動作化して表現させる。動作化を見ていた子どもたちに，動作化したことわざは，何かと投げかける。

T　これから，Aさんがあることわざを動作化します。

C　今日は，好きなおやつだから，近道をしようと言っていたなあ。

Point セリフもあると，ことわざを想起しやすい。セリフの内容については，代表児童とあらかじめ打ち合わせをしておく。

❷動作化することわざを決める（7分）

グループ（3～4人）で動作化することわざを決め，練習をする場を設定設定する。

T　動作化することわざを決めましょう。

C　「けがのこうみょう」にしてみよう。

C　入院したら，お見舞いでゲームをもらったというのは，どう？

動作化しやすいことわざカードを選んで掲示しておき，そこから，ことわざを選ぶよう指示する。

❸ことわざあてゲームをする（6分）

グループで考えたことわざの動作化を見合う場を設定する。必要に応じて，動作化する人とセリフを話す人を分けてもいいことを伝える。

T　ことわざあてゲームをしましょう。

C　けがをして入院しているのが分かったよ。

C　それで，欲しかったゲームがもらえたということだから…

生活の中で実感を伴ったことわざがある場合は，それを表現してみるよう助言する。

評価のポイントと苦手な子への支援

学習活動❷と❸でことわざが想起できる動作化になっているかを評価する。動作化を見合うことによって，ことわざの意味を理解しているのかどうかが分かり，自然に対話が生まれる。グループで活動するので，動作化できない子どもはいないと思われる。この時間だけですべてのグループの発表はできないので，朝の会や帰りの会で発表する場を設ける。

カードは，裏返しておく。

めあて
ことわざをつかって、おしばいをしよう。

いそがば　まわれ

たろうくんは、きょう、たのしみがあります。とおくにすむおばさんから、めずらしいおかしをいただいたのです。きょうは、そのおかしがおやつです。そこで、たろうくんは、きょうは、いつものみちではなく、ちかみちをとおって、かえることにしたのです。
　いそいで、ちかみちをあるいていると、あっ、いしにつまずいてころんでしまいました。
「いてて。ああ、こんなことになるんだったら、いつものみちをとおればよかったなあ。」
たろうくんは、ざんねんそうにいいました。

このおはなしからかんがえられることわざは、なんでしょうか。

35 「かける」を使って文をつくろう

所要時間 15分 おすすめの時期 6～7月
必要な物 ノート

つけたい力
言葉には，事物の内容を表す働きがあることに気付く。

活動のねらい

述語が「かける」の文づくりを通して，言葉には，同じ読み方をしても，意味が異なる言葉があることに気付くことができるようにする。また，それらの文を意味によって分類することができるようにする。

活動の流れ

❶「かける」を使った文をつくることを知る（2分）

述語が「かける」になる文にはどのようなものがあるのか，ペアで話し合わせる。

T 最後に「かける」がつく文をつくりましょう。

C 今朝，ふりかけご飯を食べてきた。ふりかけをかけたよ。

Point 「かける」は，日常場面で使っていることが多い。動作化すると，意味の違いもとらえやすい。

❷「かける」を使った文をつくる（7分）

3分間は，課題に取り組ませ，その後は，グループで話し合わせて文をつくらせる。

T 「かける」を使った文をつくりましょう。

C 納豆をごはんにかける。カレーをごはんにかける。

C ふとんをかける。

グループで話し合わせると，自分では考えることのできなかった文に触れ，他の使い方はないかと考えるきっかけになる。

❸つくった文を発表する（6分）

❷でつくった文を発表する場を設ける。子どもたちが発表した文は，分類して板書する。

T 「かける」を使った文を発表しましょう。

C しょうゆをかける。

C わなをしかける。

子どもたちが発表した文を分類して掲示していく。分類の理由を問うためである。意味の違いによって分類していることに気付かせる。

評価のポイントと苦手な子への支援

学習活動❷と❸で「かける」を正確に使った文をつくっているかを評価する。一人学びの時間に文づくりが進まない場合には，そのような子どもたちを集め，相談してつくらせる。

1単位時間で行う場合は，短冊に文を書かせる。そうすることで，グループ内で分類する活動ができ，対話も活発になる。

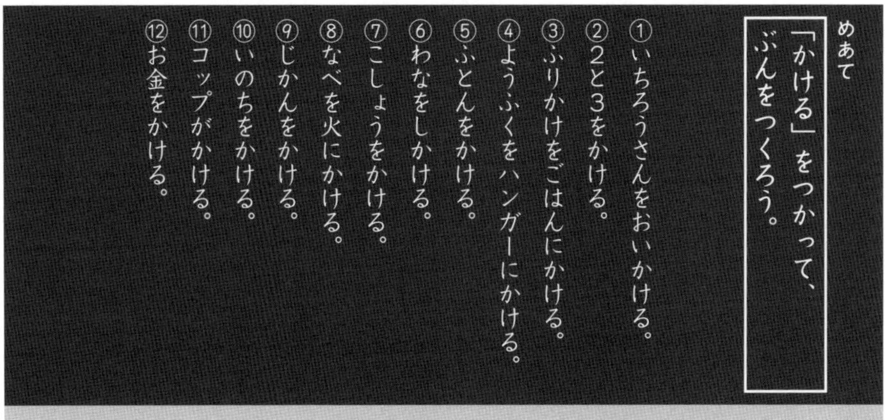

めあて
「かける」をつかって、ぶんをつくろう。
①いちろうさんをおいかける。
②2と3をかける。
③ふりかけをごはんにかける。
④ようふくをハンガーにかける。
⑤ふとんをかける。
⑥わなをしかける。
⑦こしょうをかける。
⑧なべを火にかける。
⑨じかんをかける。
⑩いのちをかける。
⑪コップがかける。
⑫お金をかける。

たしざんことばであそぼう ～「上がる」

所要時間　15分　おすすめの時期　6～7月
必要な物　短冊カード

つけたい力
言葉には，意味による語句のまとまりがあることに気付く。

活動のねらい

1年生で学習した説明文「どうぶつの赤ちゃん」のカンガルーの赤ちゃんの事例に使われている「はい上がる」が複合語であることを確認することを通して，「上がる」や「上げる」のつく言葉を集めることができるようにする。

活動の流れ

❶「どうぶつの赤ちゃん」を音読する（2分）

「どうぶつの赤ちゃん」のカンガルーの赤ちゃんの段落を音読し，「はい上がる」の意味を確かめる。

T　「はい上がる」とは，どんな意味か覚えていますか。

C　確か，「はう＋上がる」だったな。動きで表すことができたはずだ。

Point　授業では，マグネットをカンガルーの赤ちゃんに見立てて這い上がる様子を確認した。動作化することで，意味を捉えさせる。

❷「上がる」「上げる」のつく言葉を集める（7分）

「はい上がる」だけでなく，「上がる」のつく言葉を探す場を設定する。個別の活動では探すことが難しいので，グループで取り組ませる。

T　「はい上がる」のように，「上がる」がつく言葉を探しましょう。

C　先生がいつも使っている言葉の中にあるよね。

C　ある，ある。立ち上がってとかね。

教師の発する言葉も言語環境である。意図的に複合語を用いて活動させておくと，実感を伴った意味の理解につながる。

❸見つけた「上がる」のつく言葉を発表する（６分）

見つけた「上がる」のつく言葉を発表する場を設定する。出てきた言葉は意味を問い，説明させる。

Ｔ　「上がる」のつく言葉を発表しましょう。

Ｃ　「立ち上がる」です。

Ｃ　「飛び上がる」もあるよ。

出てきた言葉は，動作化させる。同時に口頭でそれらを使った文をつくらせると，自分の語彙として身に付けていくことができる。

評価のポイントと苦手な子への支援

学習活動❸の口頭作文で意味の通った文になっているか，動作化ができるかで評価する。苦手な子どもには，動作化を真似てみるよう指示し，動作化を通して意味の理解ができるようにする。「上がる」のつく複合語を探しているうちに「上げる」のつく複合語も出てくることが予想される。「上がる」と「上げる」を比較して意味の違いについて話し合わせるよい機会となる。

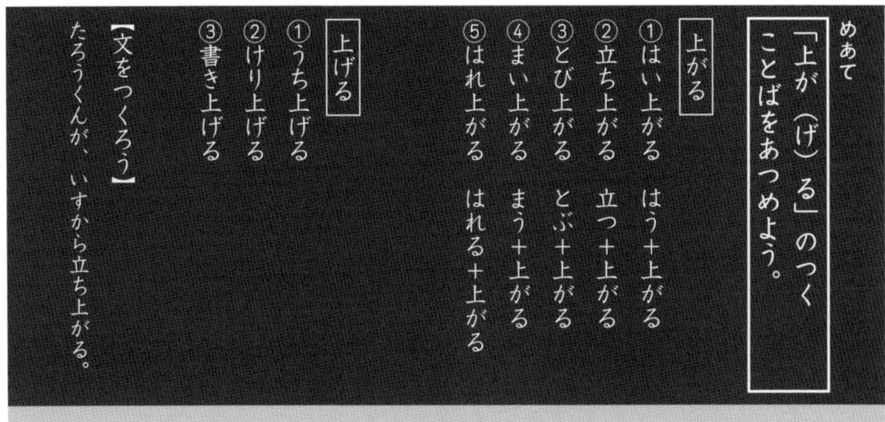

めあて
「上が（げ）る」のつくことばをあつめよう。
上がる
①はい上がる　はう＋上がる
②立ち上がる　立つ＋上がる
③とび上がる　とぶ＋上がる
④まい上がる　まう＋上がる
⑤はれ上がる　はれる＋上がる
上げる
①うち上げる
②けり上げる
③書き上げる
【文をつくろう】
たろうくんが、いすから立ち上がる。

37 まちがいさがしをしよう ～「は」「へ」「を」の使い方

所要時間 15分 おすすめの時期 4～5月

必要な物 助詞のミスがある教材文を印刷したプリント

つけたい力

助詞「は」「へ」「を」の使い方を理解して文や文章の中で使う。

活動のねらい

助詞の間違い探しを通して，助詞の「は」「へ」「を」の使い方を理解することができるようにする。また，助詞の「は」「へ」「を」を正しく使って，文をつくることができるようにする。

活動の流れ

❶まちがいさがしをすることを知る（2分）

助詞の使い方を全体の場で確認する。どこが違うのかをペアで交流させ，誤りのあった文字を発表させる。

T 「わたしわ，きのう，ゲームおしました。」（板書する。）

C くっつきの「は」「を」を正しく使っていないな。

Point 誤りを代表児童に訂正させる。誤りがいくつあるかを伝えておくと，見通しをもった活動ができる。

❷教材文の間違い探しをする（8分）

1年生のときに学習した物語文と説明文の一部を書いたプリント（助詞に誤りがあるもの）を準備しておき，助詞の間違い探しをさせる。

T 1年生のときに学習した物語や説明文の間違い探しをしましょう。

C もう見つけた。「ライオンの赤ちゃんわ」の「わ」は「は」だよ。

C まだまだ間違いがありそうだな。

既習の物語や説明文を取り上げると，一度学習したことがあるため，誤りも見つけやすい。個々で活動させたあと，グループで確認させる。

❸見つけた誤りを発表する（５分）

ペアで確認させてから，プリントを実物投影機で拡大し，誤りを見つけた子どもたちに，間違っている文字を指摘させる。

T　テレビを使って，間違い探しをしてくれる人はいませんか。

C　（プリントをペアの友達に見せて）これで，いいよね。

C　10こあったから，いいと思うよ。

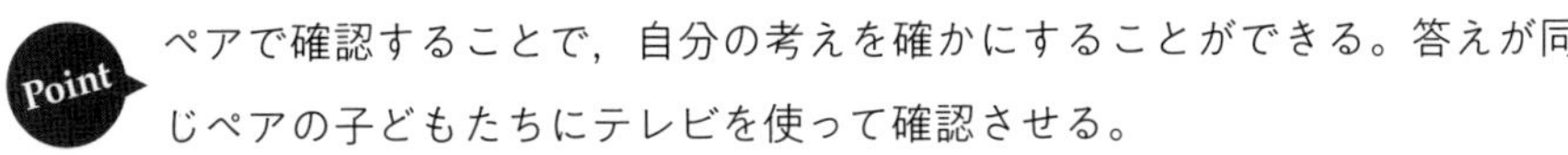
Point　ペアで確認することで，自分の考えを確かにすることができる。答えが同じペアの子どもたちにテレビを使って確認させる。

評価のポイントと苦手な子への支援

助詞「は」「へ」「を」は，使い方に誤りが多くみられる。特に「を」については，「をもいました。」などの誤用がある。そこで，学習活動❷では，「を」の使い方が正しいかを評価していく。苦手な子どもも，特に「を」の誤用がないか確認していく。さらに，家庭学習で助詞の誤りのある問題をつくることを薦める。問題づくりができれば，理解が深まると考える。

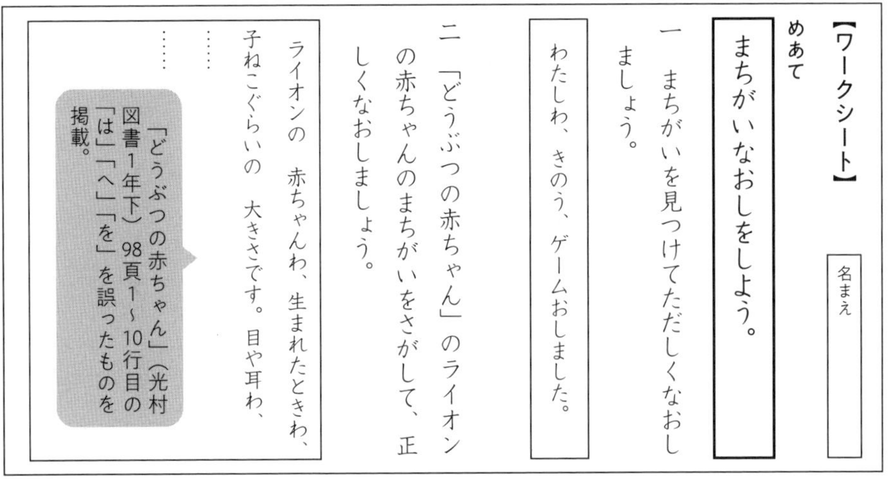
【ワークシート】　名まえ

めあて　まちがいなおしをしよう。

一　まちがいを見つけてただしくなおしましょう。

わたしわ、きのう、ゲームおしました。

二　「どうぶつの赤ちゃん」のライオンの赤ちゃんのまちがいをさがして、正しくなおしましょう。

ライオンの　赤ちゃんわ、生まれたときわ、子ねこぐらいの　大きさです。目や耳わ、

……

……

「どうぶつの赤ちゃん」（光村図書１年下）98頁１～10行目の「は」「へ」「を」を誤ったものを掲載。

伸ばす音に気をつけて書こう ～なんかへん？

所要時間 15分 おすすめの時期 5～6月
必要な物 長音の表記のある資料

つけたい力
長音の表記の使い方を理解して文や文章の中で使う。

活動のねらい

「王様」のフリガナを「おおさま」,「遠く」のフリガナを「とうく」と書く子どもが見られる。そこで，長音の多い言葉遊びを聴写することを通して，正しい表記の使い方を理解できるようにする。

活動の流れ

❶「とおくのおおかみ」の聴写をすることを知る（2分）

「とおくのおおかみ」の文を読み上げる。その文を学習活動❷で文節ごとにノートに記録することを伝える。

T　これから,「とおくのおおかみ」の文を読みます。

C　どんな文かな。聞いてみよう。

文はゆっくり読み上げる。文節ごとに読み，子どもに追い読みをするよう指示する。課題に集中させるためである。

❷「とおくのおおかみ」の聴写をする（4分）

文節ごとにノートに記録するよう指示する。実物投影機でノートをテレビに映し，書き方を確認する。

T　それでは，言葉のまとまりごとにノートに書いていきますよ。

C　「とおく」かな？　「とうく」かな？

C　「おおきな」は「おうきな」とは書かないね。

自分でこうだと思うものを書くよう指示する。間違うことは大切で，それによって正しい表記が定着することを伝える。

❸表記を確認する（９分）

最初にグループで確認をする。グループの中で表記について意見が分かれることが予想され，全体での確認が必要なことに気付かせる。

T　正しい書き表し方を確かめましょう。

C　迷ったのは「こおり」か「こうり」のところ。

C　わたしは，「とおる」か「とうる」で迷ったよ。

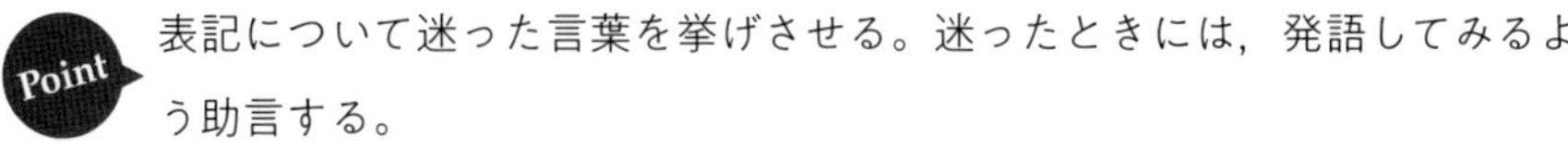

表記について迷った言葉を挙げさせる。迷ったときには，発語してみるよう助言する。

評価のポイントと苦手な子への支援

「とおくの　おおきな　こおりの　うえを　おおくの　おおかみ　とおずつ　とおる。」の表記が課題である。学習活動❷の聴写の場面で「お」を正しく表記しているか評価する。苦手な子どもには，書く前に長く伸ばして発語してみるよう声をかける。

〈参考文献〉鈴木清隆・飯島英明『ファックス版別冊授業研究③　いきいき国語授業をつくる ことば遊びワーク辞典』明治図書，1992年

【ワークシート】

名まえ

めあて

のばすおんにきをつけてかこう。

とおくの
おおきな
こおりの
うえを
おおくの
おおかみ
とおずつ
とおる

聴写後に配付する。

なぞなぞあそびうたをつくろう

所要時間　15分　おすすめの時期　5～6月
必要な物　ノート，角野英子著『なぞなぞあそびうた』(のら書店)

つけたい力
経験したことや想像したことなどから書くことを見つける。

活動のねらい

『なぞなぞあそびうた』(角野英子著，のら書店)を読み，答えを考えることを通して，事物の特徴や用途を表す言葉を使ってなぞなぞをつくることができるようにする。

活動の流れ

❶『なぞなぞあそびうた』のなぞなぞを知る（3分）

「あな　みっつ　ふたつに　あしくぐり……」(前掲書 p.18) の答えについて話し合わせる。

T　答えは何でしょうね。

C　足をくぐり，おなかをくぐり…だから，ズボンかな。

Point　なぞなぞは，自然に対話を生む。動作化してみるよう声をかけると一斉に動き始める。互いに見合うことで答えにたどりつく。

❷なぞなぞをつくる（9分）

「とうさんの　くびしめて……」(前掲書 p.18) を読み，答えを確認したあとで，ペアでなぞなぞをつくる場を設定する。

T 「くびしめて」で，びっくりしますよね。でも，おもしろいね。

C　お父さんのスーツや先生のスカートとかでもできそうだな。

C　私ってこういうものだよって，説明すればいいと思う。

題材を見つけるのは難しいので，靴下，ズックなど日常で使う物を題材とするよう助言する。

❸なぞなぞを発表する（3分）

つくったなぞなぞを発表する場を設定する。なぞなぞを発表させ，答えは何か話し合う。

T　つくったなぞなぞをはっぴょうしましょう。

C 「あし四本　みんなの体を　支えている。」

C　それは，椅子です。すぐ分かったよ。

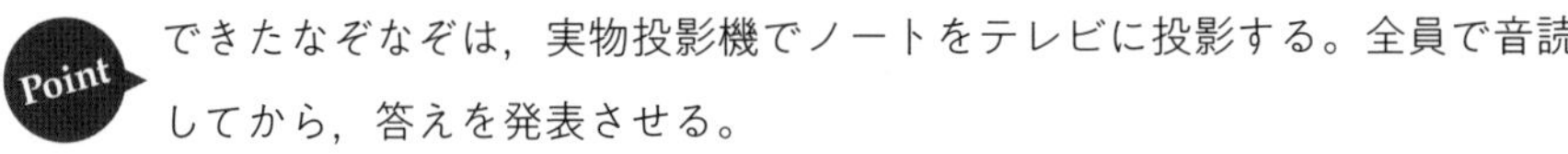

できたなぞなぞは，実物投影機でノートをテレビに投影する。全員で音読してから，答えを発表させる。

評価のポイントと苦手な子への支援

学習活動❷のペアでなぞなぞをつくっているか評価する。苦手な子どもとは，用途とそのためのつくりについて話し合い，一緒につくる。なぞなぞづくりは高度な学習活動なので，朝の会や帰りの会でなぞなぞの読み聞かせを行うなどの手立てをとることが大切である。

〈参考文献〉鈴木清隆『「ことば遊び」で授業を楽しく』明治図書，1994年

『なぞなぞあそびうた』のなぞなぞを例示する。

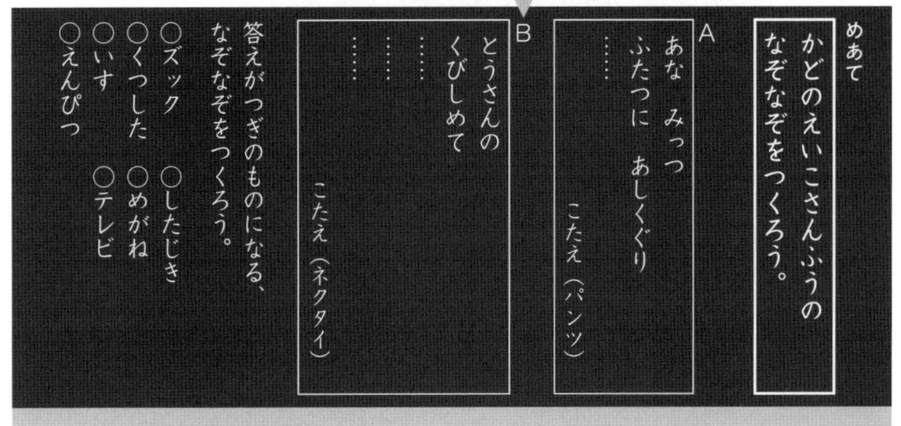

40 回文をつくろう

所要時間　15分　おすすめの時期　6～7月
必要な物　ワークシート

つけたい力
「ことば」に興味をもち，語彙を増やす。

活動のねらい

「わたしまけましたわ」「たけやぶやけた」など上から読んでも下から読んでも同じ文句になる文を知り，そのしくみを理解して回文の続きをつくることができるようにする。

活動の流れ

❶回文の例を聞き，回文のしくみを知る（3分）

「うたうたう」「とおいおと」「タイヤをやいた」などの回文を提示し，上から読んでも下から読んでも同じ文句であることに気付かせる。

T　（板書した回文を指し）読んでみましょう。

C　「イカたべたかい」上から読んでも下から読んでも同じだね。

Point　5つ程度の回文を板書して提示する。音読をする場を設け，上から読んでも下から読んでも同じ文句になることに気付くようにする。

❷回文を完成させる（5分）

20程度の未完成の回文を印刷したワークシートを準備しておく。回文のしくみを使って完成させるよう指示する。

T　ペアの友達と相談して，回文を完成させましょう。

C　「たけやぶ」のあとに3文字入るね。

C　ますの一番下から文字を入れていけばできると思う。

Point 文字数を示しておくことで，対話による解決が容易になると考えられる。完成したら，音読して回文になっているか確かめるよう指示する。

❸回文になっているか確認する（7分）

実物投影機でワークシートをテレビに映し，代表児童に文字を入れるよう指示する。代表児童は，学習活動❷で決めておく。

T　回文になっているか，確かめましょう。

C　「とおい□□」の□□には，「お」と「と」が入るね。

C　下から読んでも「とおいおと」になるね。

回文ができたら，必ず下からも音読してみるよう指示しておく。また，作業の速いペアには，別の回文のプリントも準備しておく。

評価のポイントと苦手な子への支援

学習活動❷で積極的に回文を完成させようとしているか，評価する。ペアで活動させるので，できない子どもは少ないと考えられるが，ペアでの作業が進まない場合は，回文の仕組みを説明し，一緒にいくつかの回文をつくるようにする。授業後は，インターネットでもたくさん紹介されていることを伝え，家庭学習でも取り組んでみるよう声をかける。

【ワークシート】

めあて

かい文のつづきをつくろう。

名まえ

◎かい文　上から読んでも下から読んでもおなじいみになる。

A　うたうたう
B　とおいおと
C　タイヤをやいた
D　いかたべたかい
E　たいやきやいた

◎かい文のつづきをつくろう。

①わたしまけ□□□□
②たしかに□□□
③よくき□□
④ダンスが□□□
⑤るすに□□
⑥かんけいない□□□
⑦じいさんて□□□□
⑧のうかもい□□□□
⑨よる、すきやき□□□
⑩ひるめしのた□□□□□
⑪まさか□□
⑫ままがわたしに□□□□□
⑬よるにんじん□□□
⑭なつまで□□□
⑮いがいや□□□
⑯ねこの□□
⑰なめらかに□□□□
⑱カイロく□□□
⑲さとうか□□□
⑳なんかあ□□□

「～は，～みたい。」の文をつくろう

所要時間　15分　おすすめの時期　7～8月

必要な物　他のものに見立てることのできる絵カード4～5枚

つけたい力

言葉には，事物の内容を表す働きがあることに気付く。

活動のねらい

絵を見て，他のものに見立てることができることを知り，「～は，～みたい。」の文型で文をつくることができるようにする。また，友達との交流を通して，見立て方は1つでないことを知る。

活動の流れ

❶アサガオの絵を見て，何に見えるか話し合う（2分）

アサガオの絵を提示し，他の物に見立ててみるよう投げかけ，ペアで交流させる。文字数の条件は，2文字とする。

T　アサガオの花，何に見えるでしょうか。

C　楽器のラッパに見えるなあ。

Point　思い浮かんだ見立てた物を確かにしたり広げたりできるように，ペア対話の場を設ける。

❷「～は，～みたい。」の文型で文をつくる（5分）

アサガオを例にして，「～は，～みたい。」の文型に合わせ，みんなで文をつくり，その後，他の絵カードで同様に文をつくらせる。

T　「アサガオは，～みたい。」の文をつくりましょう。

C　アサガオは，ラッパみたい。

C　アサガオは，トランペットみたい。

Point 「～みたい」の「～」に入る言葉は，１つでないことに気付くように，多様な表現を引き出す。

❸つくった文を交流する（８分）

つくった文を発表させる。音声言語だけでは，自分のつくった文と比較できないので，板書していく。

T　つくった文を発表しましょう。

C　タンポポの綿毛は，らっかさんみたい。

C　タンポポの綿毛は，パラシュートみたい。

Point 「ほかにもあるよ。」という場合は，取り上げて板書する。出尽くしたところで，音読で文を確認する。

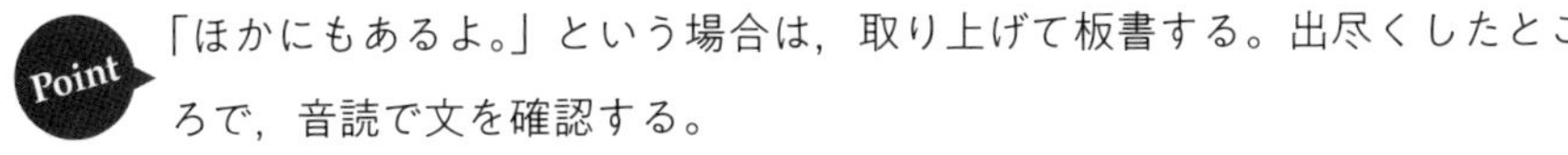

評価のポイントと苦手な子への支援

学習活動❷で自分なりに何かに見立てて表現しているかを評価する。子どもは，何かを他の物に見立てることが得意である。苦手な子どもも，友達の文を見て，自分なりに表現できると考えられる。

この学習活動は，「スイミー」の学習と並行して行うと，比喩の効果について理解が深まっていくと考えられる。

めあて
「～は、～みたい。」の文をつくろう。

アサガオの絵
・アサガオは、ラッパみたい。
・アサガオは、トランペットみたい。
・アサガオのつぼみは、ソフトクリームみたい。
・アサガオは、さかさにすると、ぼうしみたい。

たんぽぽの綿毛の絵
・たんぽぽのわた毛は、らっかさんみたい。
・たんぽぽのわた毛は、パラシュートみたい。

イチョウの葉の絵
・イチョウのはは、せんすみたい。
・イチョウのはは、うちわみたい。
・イチョウのはは、ぼうしみたい。
・イチョウのはは、二まいつなげると、ちょうちょみたい。

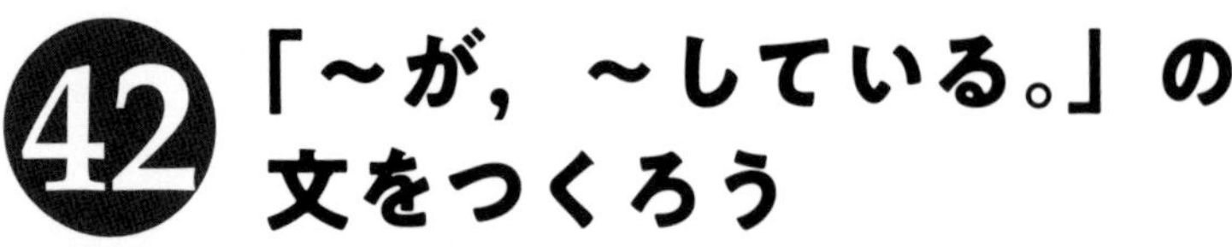

42 「～が，～している。」の文をつくろう

所要時間　15分　おすすめの時期　5～6月

必要な物　五味太郎監修・制作『言葉図鑑②　ようすのことば』（偕成社）

つけたい力

語と語のつなぎ方を考えて文をつくる。

活動のねらい

読み手に様子がよく分かるように伝えるために，絵を見てその様子を話し合い，指定された副詞やその他の修飾語をつないで，「～が，～している。」の文をつくることができるようにする。

活動の流れ

❶絵を見て，何をしている女の子か話し合う（2分）

『言葉図鑑②　ようすのことば』の中から，女の子が棒つきの飴をなめている絵を提示し，何をしているのかを問う。

T　何をしているのでしょうか。

C　女の子が，あめをなめています。

Point　女の子の服装についても話す子どもがいると思われる，出た言葉を短冊に書いて掲示する。

❷出された言葉とカードにある言葉をつないで，文をつくる（5分）

「麦わら帽子」「黄色い服」「棒つきの飴」「ぺろぺろ」などの出された言葉をつかって，「～が，～している。」の文をつくる。

T　黒板と絵カードにある言葉を使って，文をつくりましょう。

C　麦わら帽子をかぶって，黄色い服を着た女の子が…。

C　棒についたあめをぺろぺろなめている。

Point 語と語のつなぎかたを考えるのは，ハードルが高い。ペアやグループで活動させたり，付箋紙に語句を書いて並べ替えを行わせたりする。

❸できた文を発表する（８分）

黒板で短冊カードを操作させながら，文づくりを行う。語と語のつなぎ方は１つではないことにも気付くことができるようにする。

T　カードをつないでできた文を確認しましょう。

C　黄色い服を着た麦わら帽子の女の子がぺろぺろ飴をなめている。

C　ぺろぺろ飴をなめている黄色い服を着てむぎわら帽子をかぶった女の子が歩いている。

Point できた文は，音読でねじれがないか確かめるようにする。また，絵とできた文を掲示しておくと，今後の指導に活用できる。

評価のポイントと苦手な子への支援

学習活動❷で語と語のつなぎ方を考えているか，評価する。苦手な子どもは，友達と一緒にカードの並べ替えを行わせる。ハードルの高い学習になるので，この時間だけで定着させることは難しい。この後も授業の始めに同じ絵本の別の絵を使って口頭作文させた後でノートに書かせるなどの繰り返しの学習が必要になると思われる。

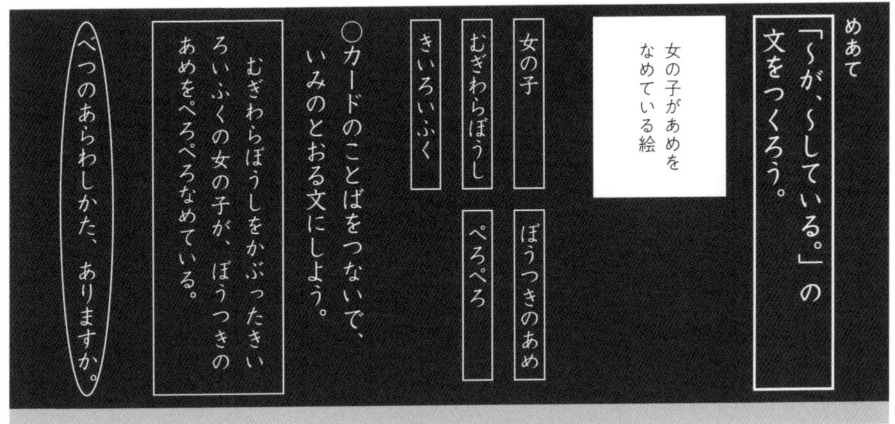

43 文の並べ替えをしよう

所要時間　15分　おすすめの時期　9～10月

必要な物　センテンスカード，ノート

つけたい力
事柄の順序に沿って簡単な構成を考える。

活動のねらい

自分の思いや考えを明確に伝えるためには，事柄の順序に沿って簡単な構成を考える必要がある。助詞「を」「も」の働きを理解し，センテンスカードを並べ替えることを通して，簡単な構成を考えることができるようにする。

活動の流れ

❶センテンスカードの並べ替えをすることを知る（２分）

センテンスカード４枚を指示された写真の順番に対応させて並べ替えることを伝える。

T　ラーメンの中の具材を食べました。

C　ラーメンの具材といえば，チャーシュー，メンマだな。

Point　具材の写真を「チャーシュー」「メンマ」「ねぎ」の順に並べ，センテンスカードと比較して考えることができるようにする。

❷センテンスカードを並べ替える（５分）

一人に１セット（色別３枚）のセンテンスカードを配付し，黒板の写真の順になるように，センテンスカードを並べる場を設定する。

T　はじめにくるカードは，どれでしょう。

C　チャーシューだから，「チャーシュー○食べました。」になると思う。

C　次は，メンマだから，「メンマ○食べました。」になるね。

２枚のセンテンスカードの助詞の部分は空欄にしておき，写真の順番になるように助詞を入れさせる。

❸センテンスカードの順番を確認する（８分）

センテンスカードの順番を確認する。空欄にしておいた部分の助詞も確認し，助詞の働きについて話し合う。

T　センテンスカードの確認をしましょう。

C　２文目は，「チャーシューを食べました。」

C　３文目は，「メンマも食べました。」だね。

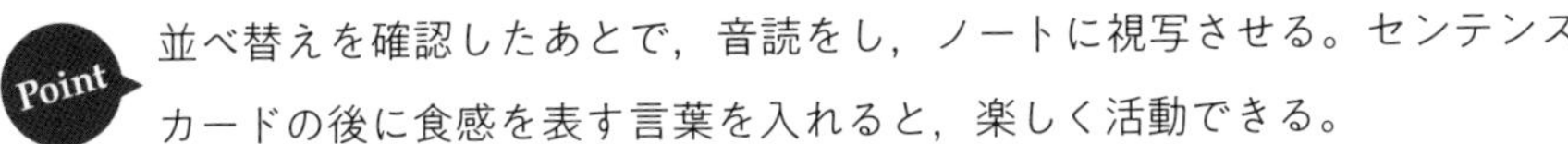

並べ替えを確認したあとで，音読をし，ノートに視写させる。センテンスカードの後に食感を表す言葉を入れると，楽しく活動できる。

評価のポイントと苦手な子への支援

学習活動❷の場面で，助詞を補いながら写真の順番になるように，センテンスカードの並べ替えをしているかを評価する。学習活動❷でペアやグループ活動を取り入れることで，苦手な子どもでも課題解決できるようにする。食べ物を題材とする場合，子どもたちが好きな物を取り上げると，楽しみながら活動に取り組むことができる。

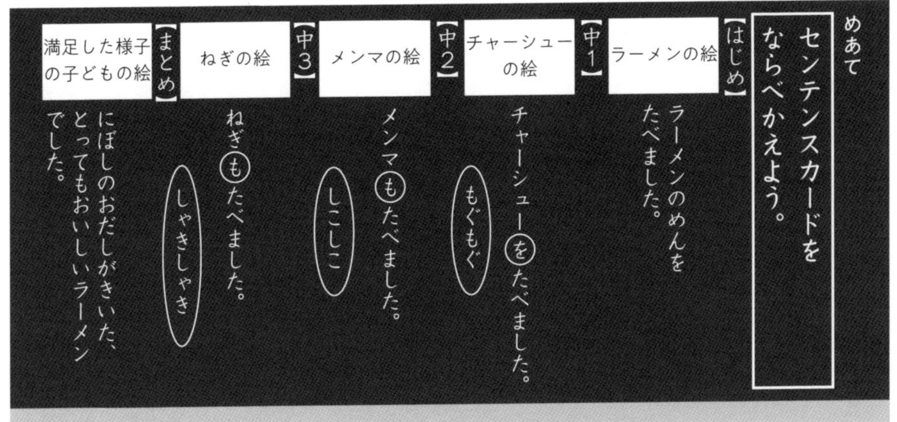

音の言葉を使って表そう

所要時間　15分　おすすめの時期　9～10月
必要な物　水道の蛇口から水が出ている写真3枚，ワークシート（児童用）

つけたい力
身近なことを表す語句の量を増し，文章の中で使う。

活動のねらい

水道の蛇口から水が出ている写真を見て，音を表す言葉を使って文を書くことができるようにする。また，音の表し方は人それぞれ異なることを，対話を通して知ることができるようにする。

活動の流れ

❶音を言葉で表現することを知る（2分）

蛇口から水がぽたぽた出ている写真を見て，どんな音が聞こえるか，投げかけ，他の2枚の写真についても同じ活動をすることを知る。

T　どんな水の音が聞こえますか。

C　ポトン，ポトンという音が聞こえます。

Point　「ポトン，ポトン」という表現だけでなく，他にも表した子どもがいないか確認し，表し方は1つでないことを知らせる。

❷他の2枚の写真について，聞こえる音の言葉を書き，文をつくる（6分）

手を洗うときに使うくらいの水を流した写真と大きく蛇口をひねって水を出したときの写真を見て，音を言葉で表すよう伝える。

T　2・3枚目の写真についても，聞こえる音を言葉で表しましょう。

C　2枚目は，ぼくには，シャーという音が聞こえる。

C　3枚目は，わたしには，ジャジャーという音が聞こえるよ。

Point 音の表現のあとに，「音が聞こえます。」を加えて文をつくらせる。文型は，無理に使わなくてもよいことにする。句読点の使い方も指導する。

❸つくった文を発表する（7分）

学習活動❷でつくった文を発表する場を設定する。音の表し方を比較できるように，発表した文を写真の横に掲示していく。

T　できた文を発表しましょう。

C　ポトン，ポトン。蛇口から水の粒が落ちる音がします。

C　ジャジャー。蛇口から水が勢いよく出ています。

蛇口から出る水の音の表現を自分の表現と比較するよう伝える。様々な表現に触れる機会となる。

評価のポイントと苦手な子への支援

学習活動❷で自分なりの聞こえ方で表現しているか評価する。自分が聞こえた通りの表現でよいので，書けない子どもはいないと思われる。音の表現の後で「蛇口から水滴が落ちる音がします。」などの表現をする子どももいると思われるので，音読で多様な表現に触れることができるようにしたい。

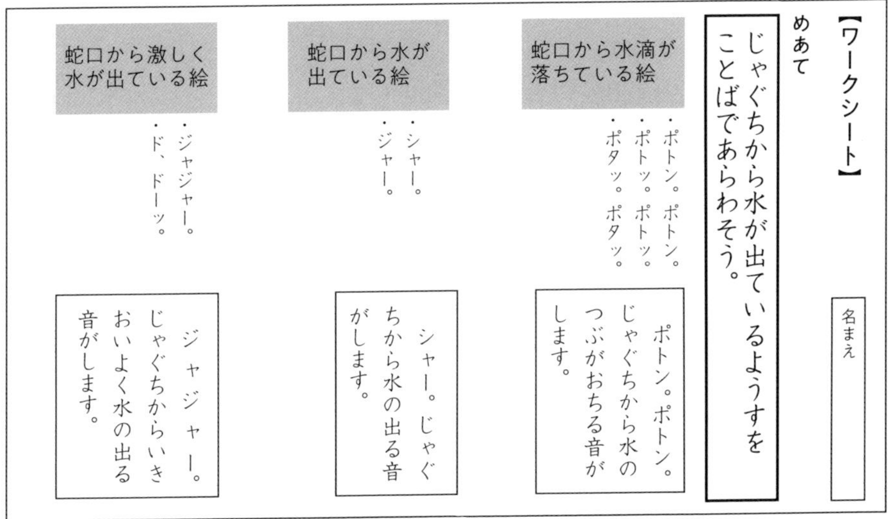

ドラエもんのことを紹介しよう

所要時間　15分　おすすめの時期　10～11月
必要な物　ワークシート（真ん中にドラえもんのイラスト）

つけたい力
経験したことの中から書くことを見つけ，必要な事柄を集める。

活動のねらい

ドラえもんをＡＬＴに紹介する場を設定する。そのために，どのようなキャラクターなのか話し合って情報を集め，その中から紹介するために必要な事柄を選ぶことができるようにする。

活動の流れ

❶ドラえもんをＡＬＴの先生に紹介することを知る（２分）

ＡＬＴの先生にドラえもんを紹介することを知らせ，そのために，どのようなキャラクターなのか，情報を集める必要があることに気付くようにする。

Ｔ　ＡＬＴの先生にドラえもんの紹介をします。

Ｃ　ドラえもんと言えば，猫型ロボットだよね。

ペアで自由に交流させる。ドラえもんを知らない子どもはいないので，交流しやすいと考えられる。

❷ドラえもんについての情報をメモに書く（５分）

真ん中にドラえもんのイラスト入りのメモ用紙を配付する。形・色などの観点も記しておく。

Ｔ　ドラえもんについて情報を集めましょう。

Ｃ　顔は，丸いよね。

Ｃ　色は，青いね。猫型ロボットだけど，耳はないね。

Point より多くの情報を集めることができるように，３～４人程度のグループで交流させ，メモを書かせる。

❸メモに書いたことを発表する（８分）

拡大したメモ用紙を準備しておき，子どもから出たドラえもんに関する事柄をメモしていく。

T　メモしたことを発表しましょう。

C　顔は，丸いです。

C　黄色い鈴のついた赤い首輪をしています。

発表するときは，「～は，○○です。」「～います。」などの文型を示し，文末まできちんと話すよう指導する。

評価のポイントと苦手な子への支援

学習活動❷でドラえもんに関する事柄をメモ用紙に記録しているか評価する。ドラえもんは，みんなが知っているキャラクターなので，苦手な子どもでも何らかの情報をもっていると思われる。この活動は，口頭作文をすることで終わりにしているので，集めた事柄を使って，家庭学習でドラえもんについて説明する文にするよう働きかける。

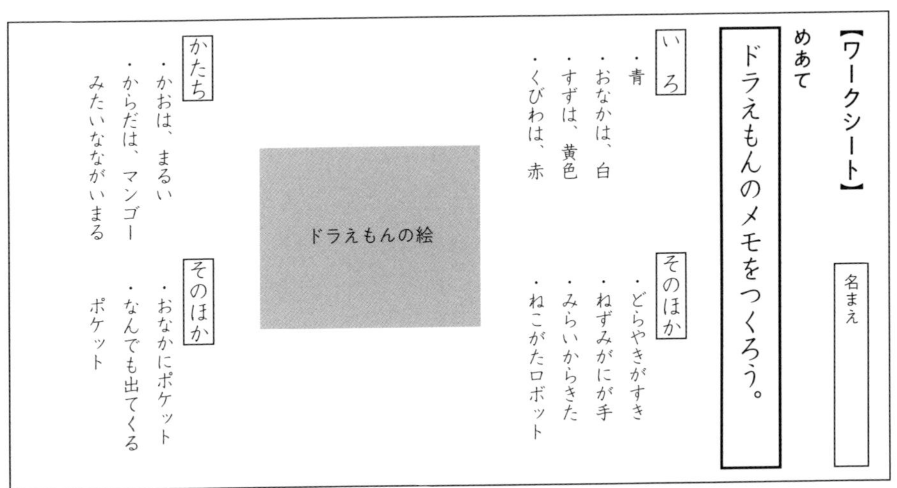

【ワークシート】

名まえ

めあて

ドラえもんのメモをつくろう。

いろ
・青
・おなかは、白
・すずは、黄色
・くびわは、赤

そのほか
・どらやきがすき
・ねずみがにが手
・みらいからきた
・ねこがたロボット

ドラえもんの絵

かたち
・かおは、まるい
・からだは、マンゴーみたいなながいまる

そのほか
・おなかにポケット
・なんでも出てくるポケット

46 4コマ漫画の説明をしよう

所要時間　15分　おすすめの時期　10～11月

必要な物　4コマ漫画（起承転結の分かりやすいもの）を印刷したワークシート

つけたい力

語と語や文と文の続き方に注意しながら内容が分かるように書く。

活動のねらい

4コマ漫画（吹き出しのないもの）の登場人物のしたことを見て，読み手に内容が伝わるように，1コマずつの説明を1文で口頭作文することができるようにする。

活動の流れ

❶4コマ漫画を見て，1コマずつの説明を口頭作文にすることを知る（2分）

起承転結の分かりやすい吹き出しのない4コマ漫画を準備し，1コマずつの説明を口頭作文にすることを知らせる。

T　4コマ漫画を読んで，1コマずつを1文で説明しましょう。

C　1コマ目は，犬が座布団に座って居眠りしているよ。

Point　4コマすべてを見せて，登場人物に名前を付けるよう伝える。その方が，文をつくりやすいと考える。

❷1コマずつの説明を考え，ペア対話を行う（5分）

まず，自分でどのような説明にするか，心内対話を行わせる。その後，ペアで交流させる。

T　1コマ～4コマまでの説明を考えましょう。

C　2コマ目。太郎君が座布団を引っ張ろうとしている。

C　3コマ目。太郎君が座布団をさっと引っ張った。

Point ペア交流では，自分が考えた文と比較して聞くよう指示する。自分にはない表現を使っていたら，それをメモするよう促す。

❸４コマ漫画の説明をする（８分）

１コマずつ漫画を見せながら，代表児童に発表させる。指導者は，発表した文を漫画の下に板書していく。

T　つくった文を発表しましょう。

C　４コマ目。座布団を引っ張られ，逆さになっても犬は寝ています。

C　ぼくと似ているなあ。ちょっと違うところもあるよ。

音声言語は消えてしまうので，自分との違いを比較させるには，板書した方がよい。板書に言葉を付け足し，表現を広げることができる。

評価のポイントと苦手な子への支援

学習活動❷と❸でそれぞれのコマの説明を書いているか評価する。漫画を扱うので，苦手な子どもはいないと思われるが，言葉が出にくいようであれば，１コマずつ指さして，「この犬は，何をしているの。」「太郎君は，何をしようとしているの。」など問いかけ，言葉を引き出すようにする。

〈参考文献〉大西道雄『作文の基礎力を完成させる短作文指導』明治図書，1991年

【ワークシート】

めあて

四コマまんがのせつめいをしよう。

名まえ

起

・犬のたろうが、いまのざぶとんにすわって、いねむりをしています。

承

・かいぬしのいちろうくんが、そうっとたろうのうしろからちかづいています。

転

・いちろうくんが、たろうのすわっているざぶとんをひっぱりました。

結

・たろうは、ざぶとんをひっぱられてさかさになってしまいましたが、それでもねています。

海外旅行に出かけよう

所要時間　15分　おすすめの時期　4～5月
必要な物　海外のリゾート地の写真（例　ハワイ）

つけたい力
助詞「は」「へ」「を」の使い方を理解して文や文章の中で使う。

活動のねらい

海外旅行への行き先を決め，旅行に出かけるまでの準備についてお話づくりをする。必然的に助詞を使うことが多くなる。助詞の使い方を理解して，文や文章の中で，使うことができるようにする。

活動の流れ

❶海外旅行に出かけるとしたら，どこに行きたいかを決める（２分）

海外のリゾート地の写真を提示する。もし，海外旅行に出かけるとしたら，どこに行きたいか話し合う。

T　海外旅行に出かけるとしたら，どこに行きたいですか。

C　ハワイがいいなあ。海がとてもきれいだから。

Point　子どもたちが行ってみたいと思う国を決めることができるように，有名な海外のリゾート地の写真を教室内に掲示しておく。

❷行ってみたい国を決め，旅行に必要な物を準備することを知る（３分）

旅行に出かけるため，準備をする必要があることを伝え，どんな物が必要か，話し合わせる。足りない物は買い足す必要があることに気付かせる。

T　ハワイに出かけるために，必要な物は何でしょうか。

C　海で泳ぎたいから，水着が必要です。

C　水着はおうちにあるから買わなくてもいいよ。

自分なりに必要だと思う物をどんどん発表させ，板書していく。そうすることで，次の文づくりが容易になる。

❸助詞を使って文をつくる（10分）

1文目に行きたい国を書き，2文目に買う場所を書くよう指示する。その後，自分で必要だと思うものをナンバリングしながら書かせる。

T　くっつきの「は」「へ」「を」を使って文をつくりましょう。

C　1文目は「ハワイへ行こう。」だよ。

C　3文目は，「りょこうバッグをかおう。」になるな。

Point　ナンバリングして，どんどん文を書いていくように伝える。1文書いたら，助詞に間違いがないか確認するよう助言する。

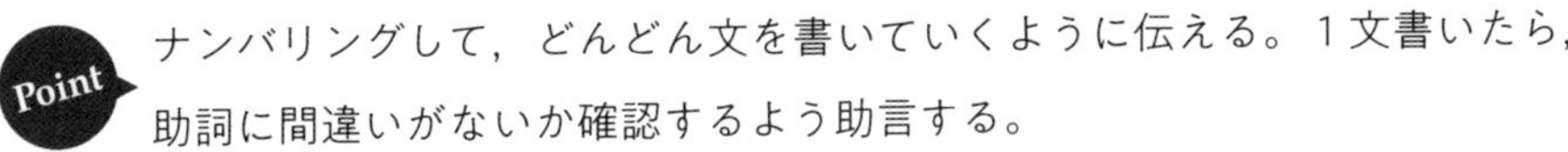

評価のポイントと苦手な子への支援

学習活動❸で助詞を正しく使っているかノートの記述を観察して評価する。「旅行に出かける」という場の設定をするので，苦手な子どもも楽しく活動に取り組むことができると考える。助詞の使い方が正しいかどうか，苦手な子どもから質問があることも考えられる。そのような場合は，助詞の使い方について解説する。

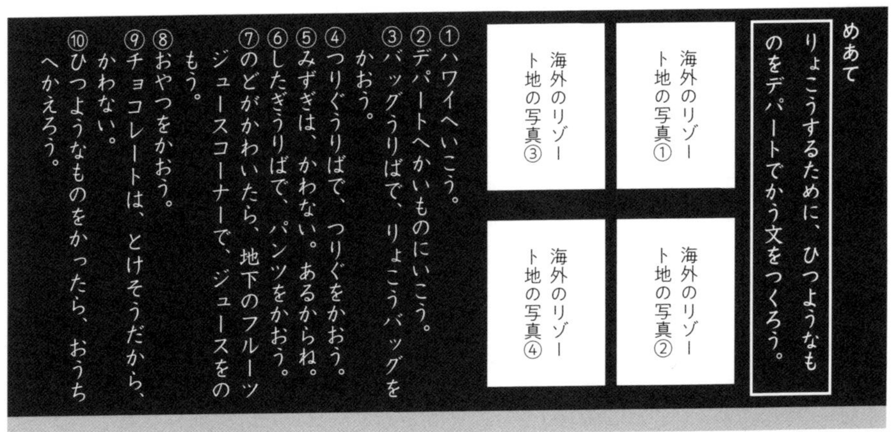

めあて
りょこうするために、ひつようなものをデパートでかう文をつくろう。
海外のリゾート地の写真①
海外のリゾート地の写真②
海外のリゾート地の写真③
海外のリゾート地の写真④
①ハワイへいこう。
②デパートへかいものにいこう。
③バッグうりばで、りょこうバッグをかおう。
④つりぐうりばで、つりぐをかおう。
⑤みずぎは、かわない。あるからね。
⑥したぎうりばで、パンツをかおう。
⑦のどがかわいたら、地下のフルーツジュースコーナーで、ジュースをのもう。
⑧おやつをかおう。
⑨チョコレートは、とけそうだから、かわない。
⑩ひつようなものをかったら、おうちへかえろう。

どんなバッグか説明しよう

所要時間　15分　おすすめの時期　11～12月
必要な物　学用品の持ち帰りバッグ，付箋紙（一人4枚程度）

つけたい力
読み手が想像できるように，事柄の順序に沿って簡単な構成を考える。

活動のねらい

学用品や作品の持ち帰り用に使っている水色バッグのことをＡＬＴに教えるために，視点の移動の順序（外側（内側）から内側（外側））に沿って文を書くことができるようにする。

活動の流れ

❶水色バッグのことをＡＬＴに知らせることを知る（3分）

学用品などを持ち帰るときに使うバッグを提示し，このバッグのことをＡＬＴの先生に知らせることを知る。

T　ＡＬＴの先生に水色バッグのことを知らせる文をつくりましょう。
C　外側の形のことから知らせた方がいいな。

外側（内側）から内側（外側）へと視点を移動して特徴を捉えるよう声をかける。子どもから出た発言を短冊に書いていく。

❷順番を考えて，水色バッグのことを伝える文を書く（9分）

外形から書くか，中の模様から書くか決め，それから，付箋紙1枚につき1文を書くよう指示する。

T　書く順番を決めて，付箋紙1枚に1文ずつ書きましょう。
C　ぼくは，外側から書くよ。「形は，横の長方形です。」
C　真ん中に流れ星にのったくまとうさぎのイラストがあります。

Point 付箋紙は，「形」「色」「イラスト」「その他」のカテゴリーごとに色を決めておく。作業の進行状況を確認しやすくなる。

❸書いた文を発表する（3分）

実物投影機でテレビに児童の作品を投影し，つくった文を発表させる。その際，自分の構成と同じかどうか比較するよう指示する。

T　つくった文を発表しましょう。

C　形，イラスト，色の順番になっているから，ぼくと同じだ。

C　わたしは，イラスト，形，色の順番だから，ちょっと違うな。

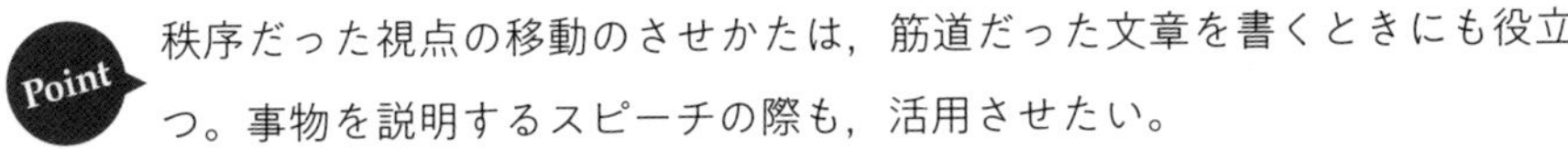

Point 秩序だった視点の移動のさせかたは，筋道だった文章を書くときにも役立つ。事物を説明するスピーチの際も，活用させたい。

評価のポイントと苦手な子への支援

学習活動❷で，「形」「色」「イラスト」「その他」について付箋紙に文を書いているか評価する。文型も提示し，その文型にかなっているかを確認していく。苦手な子には，主語を示して口頭作文させてから付箋紙に文を書かせるようにする。

〈参考文献〉三森ゆりか『「描写文」の訓練で力をつける』明治図書，1996年

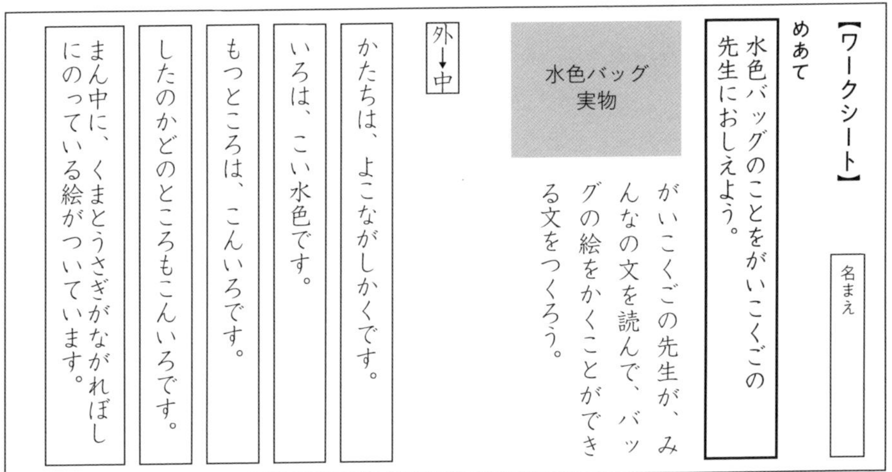

【ワークシート】
名まえ
めあて
水色バッグのことをがいこくごの先生におしえよう。
水色バッグ
実物
がいこくごの先生が、みんなの文を読んで、バッグの絵をかくことができる文をつくろう。
外↓中
かたちは、よこながしかくです。
いろは、こい水色です。
もつところは、こんいろです。
したのかどのところもこんいろです。
まん中に、くまとうさぎがながれぼしにのっている絵がついています。

49 3文日記を書こう

所要時間 15分 おすすめの時期 通年
必要な物 ノート，グループごとに国語のノートを1冊ずつ

つけたい力
3部構成で文章を書く。

活動のねらい

1文目は，大きな出来事，2文目は，自分のしたこと，3文目は感想の順番で，助詞や文のねじれに気を付けて，その日にあった出来事を書くことができるようにする。

活動の流れ

❶3文日記を書くことを知る（2分）

文番号を付けた3文日記の例を示し，どのような構成なのか話し合い，3文日記を書くことを知る。

T　これから，みなさんに例のように3文日記を書いてもらいます。

C　大きな出来事，自分のしたこと，感想の順番で書こう。

Point 例は，2種類示すとよい。比較して，書く順番や内容，構成について似ている点を気付かせることができるからである。

❷3文日記を書く（8分）

今日の大きな出来事，自分のしたこと，感想の順番で3文日記を書く場を設定する。

T　今日の3文日記を書きましょう。

C　体育の時間の長縄跳びのことを書こう。

C　休み時間の鬼ごっこのことを書こう。

Point 初めて３文日記の指導をする場合は，５時間目に設定するとよい。午前中の出来事を思い起こし，題材を見つけやすいからである。

❸３文日記を発表する（５分）

ノートを実物投影機でテレビに投影して，読む。その後，グループでノートを交換し合い読み合う場を設定する。

T　３文日記を読み合いましょう。

C　Aさんの，鬼ごっこの日記がおもしろかったな。

C　Bさんの，一口でプリンを食べた後の言葉がおもしろかったな。

代表児童の作品を提示したときに，おもしろい，表現上の工夫があるところを評価しておくと，友達の作品を読むときの指標となる。

評価のポイントと苦手な子への支援

学習活動❷で，大きな出来事，自分のしたこと，感想の順番で書いているか評価する。どのような題材を選んだらよいのか，悩む子どもも予想される。そのような場合は，今日の出来事をメモしたものを提示し，その中から題材を選ぶよう助言する。今後は，グループごとに日記用のノートを準備しておき，輪番で３文日記を書かせる。書くことが習慣になるようにする。

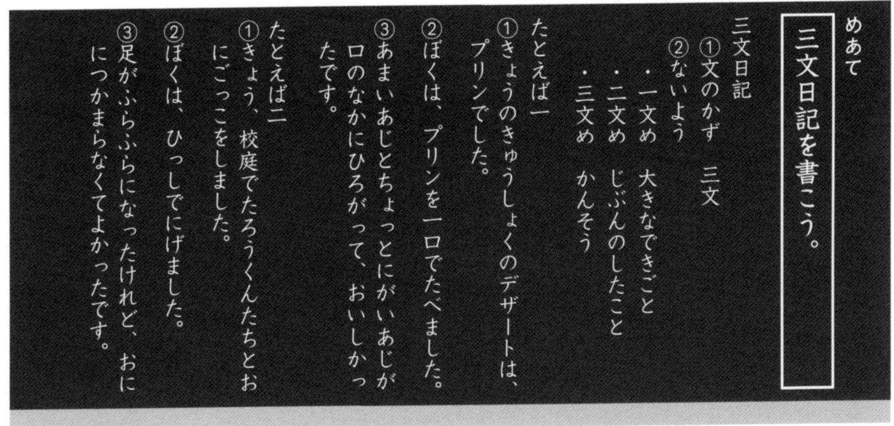

めあて
三文日記を書こう。
三文日記
①文のかず　三文
②ないよう
・一文め　大きなできごと
・二文め　じぶんのしたこと
・三文め　かんそう
たとえば一
①きょうのきゅうしょくのデザートは、プリンでした。
②ぼくは、プリンを一口でたべました。
③あまいあじとちょっとにがいあじが口のなかにひろがって、おいしかったです。
たとえば二
①きょう、校庭でたろうくんたちとおにごっこをしました。
②ぼくは、ひっしでにげました。
③足がふらふらになったけれど、おににつかまらなくてよかったです。

50 じゃがいものひとりごとを書こう

所要時間　15分　おすすめの時期　5月
必要な物　ワークシート

つけたい力
かぎ（「　」）の使い方を理解して，文や文章の中で使う。

活動のねらい

会話文の表記の仕方については，高学年でも身に付いていないことが多い。畑に植えるまでのじゃがいもの独り言を書く場を通して，かぎ（「　」）の正しい表記の仕方を理解し，文章の中で正しく使うことができるようにする。

活動の流れ

❶じゃがいもの植え方について振り返る（３分）

絵カードで，じゃがいもを植える順番を確認する。その後，それぞれの段階でのジャガイモの独り言を書くことを伝える。

T　半分に切られたときのじゃがいもの独り言を想像しましょう。

C　「ちょっと，まった。それで，なにをするの？」とか言いそう。

Point　植える手順は，できれば写真がよいのだが，準備できない場合は，絵カードを準備する。

❷じゃがいもの独り言を想像して書く（７分）

ペア交流で話したことを基に，じゃがいもの独り言をシートに書く場を設定する。

T　じゃがいもの独り言を，かぎを使って書きましょう。

C　灰を付けられたときは，びっくりしたと思うな。

C　「なに，その黒い粉みたいなものは。」と話しているかもしれないね。

Point 手順の間に会話文を書く形式のシートを準備する。かぎ（「　」）を必ず使うことを条件とする。書き終えたら「　」を赤鉛筆でなぞらせる。

❸作った独り言を発表する（５分）

シートを実物投影機でテレビに投影し，上手なところを見つけ合う。

T　Ａさんの作品の上手なところを見つけましょう。

C　「ちょっと，まって，まって。」と繰り返しのところが上手です。

C　これは，大変なことになりそうって感じがするね。

Point 指導者が上手だと思うところにサイドラインを引くと相互評価の際の活動の指標となる。

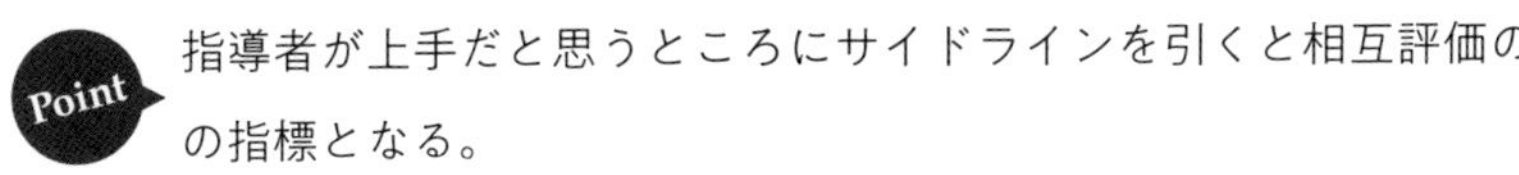

評価のポイントと苦手な子への支援

学習活動❷で「　」を使って独り言を書いているか評価する。絵カード①の独り言を書くときにかぎ（「　」）を書いてみせるので，書くことのできない子どもは少ないと思われる。苦手な子どもがいた場合は，かぎ（「　」）の部分を一緒に確認して赤鉛筆で印を付けさせ，かぎ（「　」）の使用について，視覚で確認できるようにする。

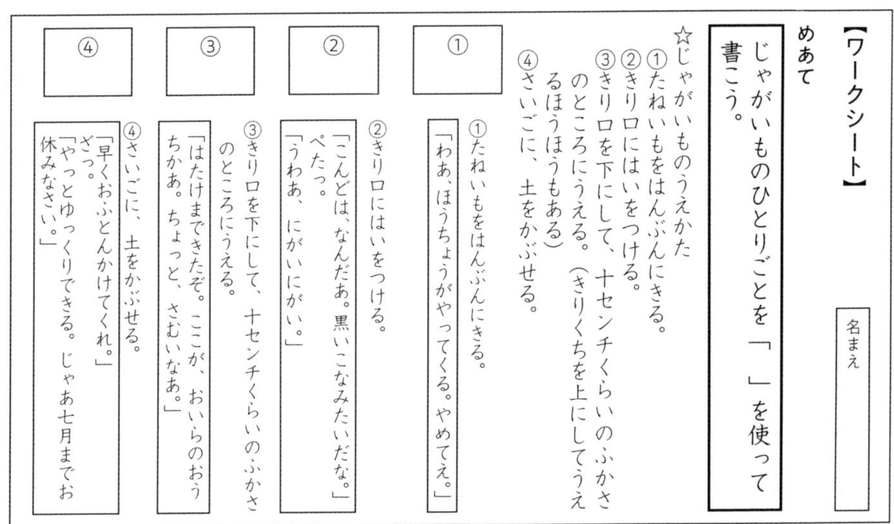

【ワークシート】
名まえ
めあて
じゃがいものひとりごとを「　」を使って書こう。
☆じゃがいものうえかた
①たねいもをはんぶんにきる。
②きり口にはいをつける。
③きり口を下にして、十センチくらいのふかさのところにうえる。（きりくちを上にしてうえるほうほうもある）
④さいごに、土をかぶせる。
①
①たねいもをはんぶんにきる。
「わあ、ほうちょうがやってくる。やめてえ。」
②
②きり口にはいをつける。
「こんどは、なんだあ。黒いこなみたいだな。」
ぺたっ。
「うわあ、にがいにがい。」
③
③きり口を下にして、十センチくらいのふかさのところにうえる。
「はたけまできたぞ。ここが、おいらのおうちかあ。ちょっと、さむいなあ。」
④
④さいごに、土をかぶせる。
「早くおふとんかけてくれ。」
ざっ。
「やっとゆっくりできる。じゃあ七月までお休みなさい。」

51 校長先生になったら作文を書こう

所要時間　15分　おすすめの時期　4～5月

必要な物　ノート

つけたい力

文章を読み返し，語と語や文と文の続き方を確かめる。

活動のねらい

校長先生になったらしたいことと，その理由の順番で書く。書いた後で文章を読み返し，間違いを正し，語と語や文と文の続き方を確かめることができるようにする。

活動の流れ

❶校長先生になったら，してみたいことを出し合う（3分）

「もし，校長先生になったら，何がしたいですか。」と投げかけ，やってみたいこととその理由を出し合う。

T　もし，校長先生になったら，何がしたいですか。

C　授業時間を半分にして，休み時間を増やしたいなあ。

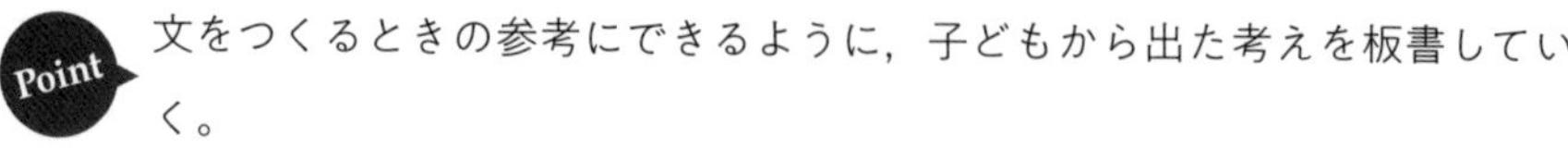

Point　文をつくるときの参考にできるように，子どもから出た考えを板書していく。

❷校長先生になったら作文を書く（8分）

「もしも，校長先生になったら，ぼく（わたしは）～をしたい。」から書き始め，複数やりたいことがある場合は，順序を表す言葉を使うよう伝える。

T　校長先生になったら作文を書きましょう。

C　校長先生になったら，宿題は，遊ぶことにします。

C　どうして，遊ぶことを宿題にするの？

Point 書き終えたら，課題条件（やりたいこと・その理由・読み返して間違いを正す）を記したカードを使って，自己評価させる。

❸校長先生になったら作文を読み合う（４分）

代表児童のノートを実物投影機でテレビに投影する。課題条件に沿っているかを確かめたり，内容のおもしろさについて話し合ったりする。

T　校長先生になったら作文を読み合いましょう。

C　Ａさんの宿題を遊ぶことにするというアイデアがおもしろいね。

C　毎日いろんな遊びができて楽しいよね。

代表児童は，学習活動❷で子どもたちの作品を評価するときに課題条件に沿って書いている児童を探しておく。

評価のポイントと苦手な子への支援

課題条件（やりたいこと・その理由・読み返して間違いを正す）を記したカードのチェックボックスにチェックが入っているかを学習活動❷で評価する。楽しく取り組める題材なので，苦手な子どもはいないと思われるが，文のねじれや誤字の確認は，一緒に行うようにする。

文章を読み返す習慣は，継続して行いたい。

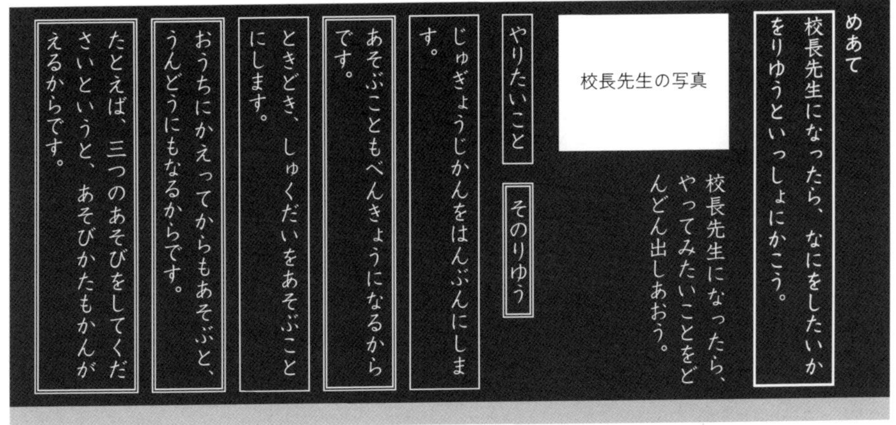

野菜になって書こう ～なりきり作文

所要時間　15分　おすすめの時期　5月～（収穫まで継続して）
必要な物　原稿用紙型の作文用紙

つけたい力
語と語や文と文の続き方に注意して書く。

活動のねらい

生活科で育てている野菜になって，生長の様子を形容詞や形容動詞，副詞などを使い，文と文の続き方に注意して書くことができるようにする。また，文章を読み返し，間違いを正すことができるようにする。

活動の流れ

❶育てている野菜になって観察日記を書くことを知る（2分）

生活科の学習で苗を植えた野菜になって観察日記を継続して書いていくが，本活動では，全員がミニトマトになって観察日記を書くことを知る。

T　ミニトマトになって観察日記を書きましょう。

C　書き出しは，「ぼくは，ミニトマトの苗です。」でいいのかな。

Point　生活科でミニトマトの苗を観察したり，においをかいだりしたときに気付いたことをメモしたシートを準備しておく。

❷ミニトマトのなりきり作文の文をつくる（6分）

学習活動❶で使ったメモを基に，みんなで話し合い，ミニトマトになって文をつくる。5文程度で書くことを知る。文型「～は，～です。」を与える。

T　書き出しは，「ぼくは，ミニトマトの苗です。」で始めましょう。

C　「葉の色は，こい緑色です。」

C　「葉の周りはぎざぎざです。」

初めてのなりきり作文なので，全員で話し合って文をつくっていく。子どもから出た文は，短冊用紙に記録して掲示する。

❸つくった文を原稿用紙に書き写す（7分）

原稿用紙を実物投影機でテレビに投影し，短冊に書いている文を確認しながら原稿用紙に書かせる。

T　短冊に書いてある文を原稿用紙に視写しましょう。

C　テレビを見ながら書いていこう。

C　書き方が分かったから，自分で書き進めよう。

書き終わった後で課題条件を記したカードを使って，自己評価をさせる。チェックが入らなかった条件を付け加えるよう助言する。

評価のポイントと苦手な子への支援

学習活動❸の課題条件を記したカードの自己評価の状況を観察して評価する。みんなで文をつくるので，苦手な子どもはいないと思われるが，視写する際に語と語との続き方や助詞の誤りがあることが予想される。そのような場合は，一緒に確認していく。この活動後は，生活科と関連させながら，継続してなりきり作文の指導をしていく。

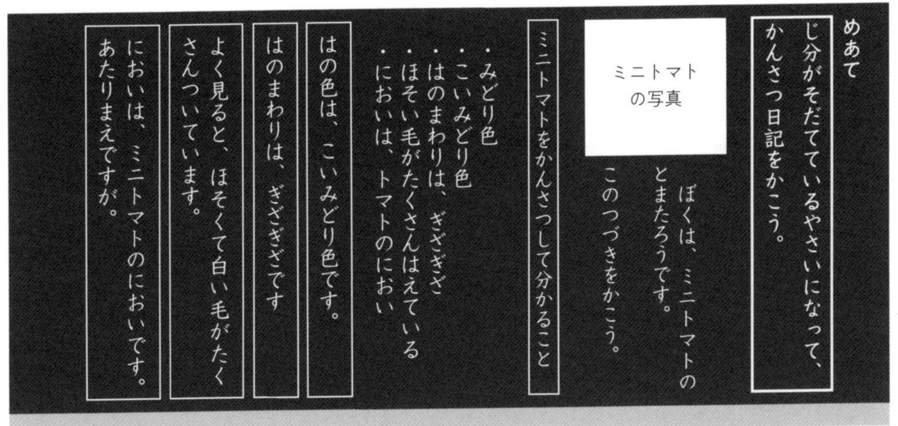

53 「つなぎのことば」を使って，絵に合う文をつくろう

所要時間　15分　おすすめの時期　4～5月

必要な物　掲示用の絵5枚，付箋紙，五味太郎監修・制作『言葉図鑑⑤　つなぎのことば』（偕成社）

つけたい力

助詞の使い方を理解して文の中で使う。

活動のねらい

助詞は，他の言葉の後に使われるが，言葉と言葉の続き具合や意味をはっきりさせる働きがある。絵を見て，適切な助詞を補って絵を説明する文を完成させることを通して，助詞の使い方を理解する。

活動の流れ

❶『言葉図鑑⑤　つなぎのことば』の絵を見る（2分）

『言葉図鑑⑤　つなぎのことば』の中から助詞を隠して5～6枚程度の絵を見せ，○の中に入る助詞を入れて，文を完成させることを知る。

T　五味太郎さんの絵には，「かぜ○～。」の文が添えられています。

C　「かぜ○ふく」の○には，「が」が入ると思う。

Point　○には助詞が入る。ペアで交流させることで，「かぜ」の次にくる助詞を推測しやすくなる。理由を大事に扱いたい。

❷文の○の中に助詞を入れて文つくり，付箋紙に書く（6分）

ペアで交流させながら，○の中に助詞を入れた文を付箋紙1枚に1文ずつ書かせる。絵がヒントになることを伝える。

T　○の中に意味が通じるように文字を入れ，文をつくりましょう。

C　2枚目の絵は，ぞうさんが風を受けているよね。

C　だから，「かぜをうける。」になって，〇には「を」が入ると思う。

Point 絵本は，39枚の絵と文で構成されている。２年生の子どもの実態に応じた，助詞の入った文を使うとよい。

❸つくった文を発表する（７分）

付箋紙に書いた文を発表する場を設ける。発表した文は，板書していき，自分がつくったものと比較するよう声をかける。

T　つくった文を発表しましょう。

C　３枚目は，ねずみが自分の方に吹いてくる風に向かっています。

C　だから，「かぜへむかう。」だと思います。ぼくもやったことあるよ。

Point 発表するときは，理由（絵から読みとれること）も述べるように指示する。自分が経験したことがあるものだと，言語化しやすい。

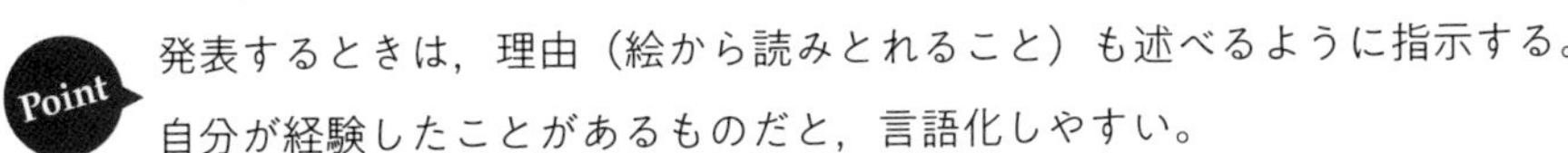

評価のポイントと苦手な子への支援

本活動の課題条件は，助詞を的確に使うことである。学習活動②のペアで文をつくっているときに適切に助詞を使って付箋紙に文を書いているかを評価する。苦手な子どもには〇にいろいろな助詞を入れて音読するよう促す。音読をして意味が通じたものが適切な助詞であることを理解できると考える。

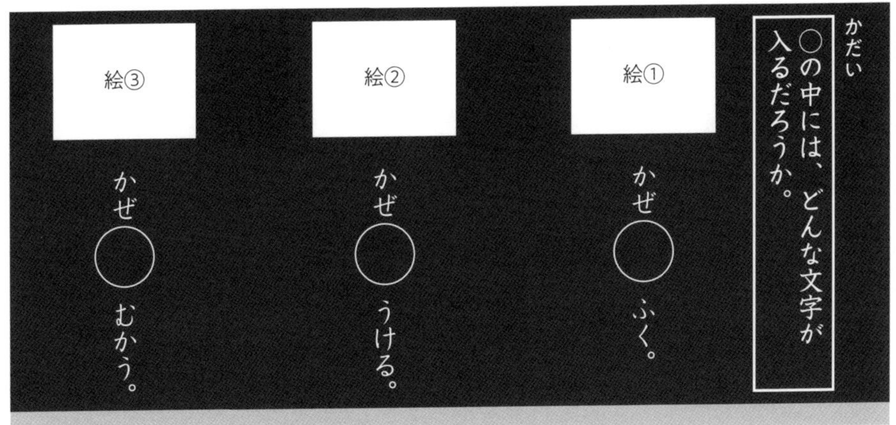

かだい
〇の中には、どんな文字が入るだろうか。
絵①
かぜ〇ふく。
絵②
かぜ〇うける。
絵③
かぜ〇むかう。

見たことお話をつくろう

所要時間　15分　おすすめの時期　9～10月

必要な物　課題条件の入ったワークシート，五味太郎監修・制作『言葉図鑑⑤　つなぎのことば』（偕成社）

つけたい力

想像したことなどから書くことを見つけ，必要な事柄を集める。

活動のねらい

五味太郎『言葉図鑑⑤　つなぎのことば』の p.37のバス停の犬の絵を見て，分かることを出し合い，それらを使って，オノマトペを使った文をつくることができるようにする。

活動の流れ

❶絵を見て分かることを出し合う（2分）

『言葉図鑑⑤　つなぎのことば』の p.37の絵を見せ，どんな場面か話し合う。

T　この絵は，どんな場面だと思いますか。

C　バス停でバスを待っていたところに，急に雨が…。

Point　ペアで話をさせてから，全体で分かることを出し合う。オノマトペに関わる発言があったときは，板書する。

❷見たことお話をつくる（10分）

絵から分かることやオノマトペを入れてお話づくりをする場を設定する。課題条件（オノマトペの他に分量を4文程度）も伝える。

T　絵を見て，見たことお話をつくりましょう。

C　犬のぽんたがバス停でバスを待っていました。

C　すると，突然雨がザアザア降ってきました。

なかなか書き出せない場合は，書き出しの文を与える。書く前に口頭作文をさせると，書きやすくなる。

❸書いた文を読み合い，感想を交流する（３分）

代表児童がつくった文を実物投影機でテレビに投影して，読む。その後，グループでシートを交換し合い読み合う。

T　見たことお話を読み合いましょう。

C　かみなりがゴロゴロなりました。

C　かみなりがピカッと光ったよね。大急ぎで逃げちゃう，ぼくもね。

読み合うときは，課題条件にかなっているかだけでなく，表現のおもしろさも伝え合うよう助言する。

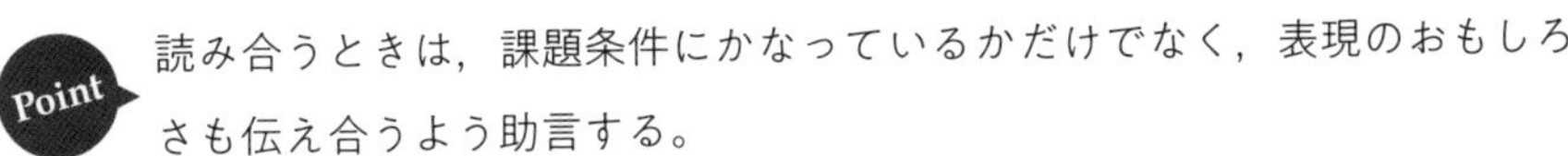

評価のポイントと苦手な子への支援

学習活動❷で課題条件に沿ってお話をつくっているか，シートで評価していく。苦手な子どもには，オノマトペを伏せ字にしたシートを与え，自分が考えるオノマトペを入れるよう支援する。「書くこと」の授業では，指導者が子どもに書かせたい文を事前に書いてみることが大事である。

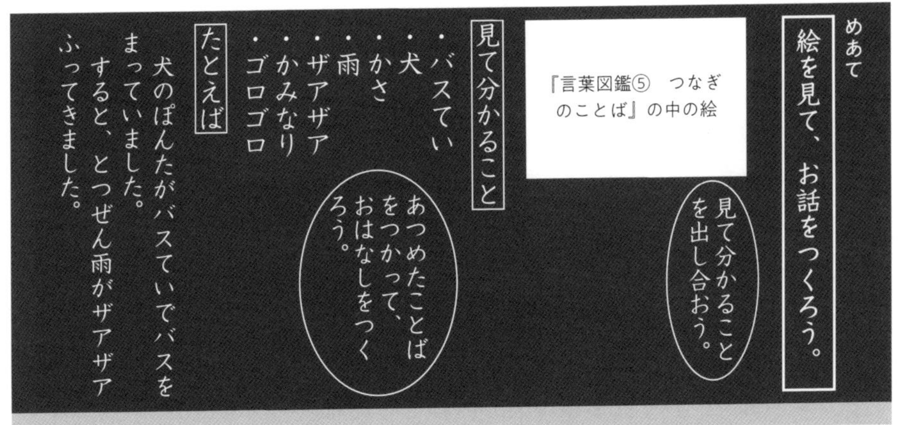

めあて
絵を見て、お話をつくろう。
見て分かることを出し合おう。
『言葉図鑑⑤　つなぎのことば』の中の絵
見て分かること
・バスてい
・犬
・かさ
・雨
・ザアザア
・かみなり
・ゴロゴロ
あつめたことばをつかって、おはなしをつくろう。
たとえば
犬のぽんたがバスていでバスをまっていました。
すると、とつぜん雨がザアザアふってきました。

55 中の文を書こう～ブリッジ作文

所要時間　15分　おすすめの時期　11～12月
必要な物　ワークシート

つけたい力
想像したことから書くことを見つけて書く。

活動のねらい

1文目「おかあさんが，ホットケーキをつくっています。」と2文目「それを見て，ぼくもやりたくなりました。」の間に想像した文（【課題条件】オノマトペを使う，分量は3文程度）を書いてつなげられるようにする。

活動の流れ

❶1文目と2文目の間に想像した文を入れることを知る（2分）

1文目と2文目を示して音読させる。その後，1文目と2文目の間に想像した文を書くことを知る。

T　1文目と2文目の間に想像の文を書いてつなげましょう。

C　ホットケーキを作っているときのお母さんの様子を書こう。

Point　課題条件を提示した後で例文を一例挙げ，その後，質問を受け付ける。例を挙げても解決の見通しをもてない子どもがいるためである。

❷ブリッジ作文を書く（8分）

例文を書いた掲示物を提示する，音読した後で，自分で想像して書く場を設ける。書いた後で読み返すよう伝える。

T　例えば，「コツン，カシャ。卵を割りました。」のように想像します。

C　泡立て器をぐるぐるボウルの中で回しています。

C　時々泡立て器を持ち上げて，かたさを確かめています。

例文のオノマトペ（課題条件）にサイドラインを引く。使ってほしい条件を意識付けるためである。

❸ブリッジ作文を読み合う（５分）

代表児童の作文を実物投影機でテレビに投影して，読む。その後，グループでノートを交換し合い読み合う。

T　ブリッジ作文を読み合いましょう。

C　Aさんの卵をわったときの音の表し方がおもしろかったよ。

C　Bさんの母さんの表情を表したところがおもしろかった。

Point

代表児童は，学習活動❷で決めておく。友達の文章のよさを互いに伝え合うことは，自分の文章のよさを見つけることにつながる。

評価のポイントと苦手な子への支援

学習活動❷で課題条件に沿った文を書いているか評価する。１文目と２文目を印刷したワークシートを活用するので，苦手な子どもは少ないと思われるが，書き進めることのできない場合は，ホットケーキ作りの写真を準備しておき，写真を見ながら一緒に文をつくることができるようにする。

〈参考文献〉上條晴夫「作文の授業はこう創る」『授業づくりネットワーク』1990年９月号，学事出版

【ワークシート】

名まえ

めあて

一文めと二文めのあいだに文を三つ書いて、ブリッジ作文をかんせいさせよう。

◎つぎのことばをつかってかこう。

○音のことば　コンコン。カチャッ。（たまごのわれる音　など）
○ようすのことば　ぐるぐる（あわだてきをまわしているようす）
○色のことば　クリーム色（ホットケーキのきじの色　など）

①おかあさんが、ホットケーキをつくっています。

②それを見て、ぼくもやりたくなりました。

56 「コツコツ」から想像しよう

所要時間 15分 おすすめの時期 1～2月
必要な物 国語のノート

つけたい力
語と語の続き方に注意しながら，書き表し方を工夫する。

活動のねらい

擬音「コツコツ」という言葉から事柄や言葉を想像し，それらを使って文をつくることができるようにする。また，書いた文を読み返し，誤りを正したり，よりよい表現に改めたりすることができるようにする。

活動の流れ

❶擬音「コツコツ」という言葉から事柄や言葉を想像する（3分）

「コツコツ」という言葉を板書し，そこからどんな言葉や事柄が想像できるか投げかける。

T 「コツコツ」という言葉からどんな言葉や事柄を想像できますか。

C 歩いている靴の音のように思えます。

Point 「コツコツ」という言葉から想像できる言葉や事柄をできるだけ多く引き出すことができるように，ペアやグループで話し合わせる。

❷「コツコツ」を使った文をつくる（7分）

学習活動❶で集めた言葉や事柄と関連した文をつくらせる。文をつくることができるように，例文を示す。

T 「コツコツ」を使った文をつくりましょう。

C 校長先生が，コツコツと廊下を歩いてきました。

C コツコツとお金をためています。

Point　1つできた子どもには，他にもつくってみるよう声をかける。具体的な生活経験を想起できる例文を示すとよい。

❸つくった文を読み合う（5分）

代表児童のノートを実物投影機でテレビに投影して，読む。その後，グループでノートを交換し合い読み合う。

T　つくった文を読み合いましょう。

C　「コツコツ」を使った文は，音の文だけではないことが分かった。

C　そうだね。「コツコツ努力しなさい。」って家の人が言うよ。

Point　「コツコツ」という言葉は，「地道にあきらめず少しずつ物事を進める様子」を意味することも理解できるようにする。

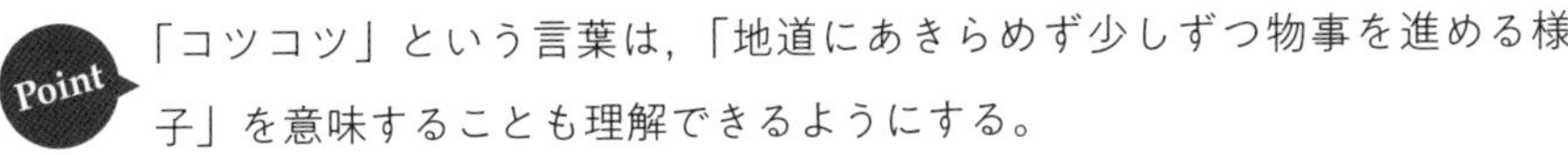

評価のポイントと苦手な子への支援

学習活動❷で，学習活動❶で集めた言葉や事柄と関連付けて文をつくっているか評価する。苦手な子どもには，例文の一部を変えて文をつくってみるよう助言する。その際，口頭作文をしてから書かせるとよい。

〈参考文献〉相田八重子『豊かな「ことば」と「こころ」を育てる作文指導の実際』日本教育新聞社，1990年

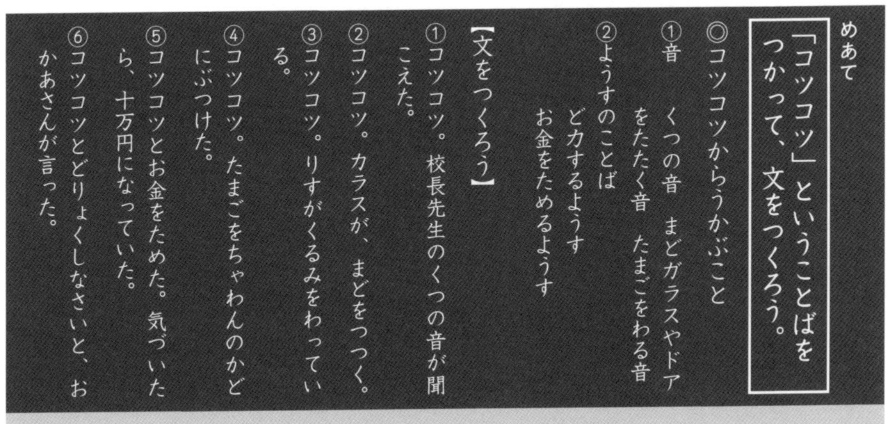
めあて
「コツコツ」ということばをつかって、文をつくろう。
◎コツコツからうかぶこと
①音　くつの音　まどガラスやドアをたたく音　たまごをわる音
②ようすのことば　ど力するようす　お金をためるようす
【文をつくろう】
①コツコツ。校長先生のくつの音が聞こえた。
②コツコツ。カラスが、まどをつつく。
③コツコツ。りすがくるみをわっている。
④コツコツ。たまごをちゃわんのかどにぶつけた。
⑤コツコツとお金をためた。気づいたら、十万円になっていた。
⑥コツコツとどりょくしなさいと、おかあさんが言った。

先生を見て書こう～「先生と風船」

所要時間　15分　おすすめの時期　1～2月
必要な物　原稿用紙

つけたい力
見たことのなかから書くことを見つけ，必要な事柄を集める。

活動のねらい

先生がすることを見て，色彩語や比喩，擬態語などを使って文をつくることができるようにする。また，文章に対する感想を伝え合い，自分の文章の内容や表現のよいところを見つけることができるようにする。

活動の流れ

❶先生がしたことを見て書くことを知る（2分）

先生の行動を課題条件（色彩語や比喩，擬態語を使う，4～5文程度）に沿って文をつくることを知る。

T　これから，みなさんに私のしたことを見て，文を書いてもらいます。

C　先生は，どんなことをするのかな。

Point　ポケットから赤い風船を出して，見る。次にその風船を膨らませる。以上の動作をゆっくり行う。

❷先生の動作を見て書く（8分）

1つずつ動作を区切って行い，何をしたかを問う。子どもから出た課題条件に関わる言葉を板書する。

T　先生のしたことを見て書きましょう。

C　先生が，ポケットから風船を出しました。

C　風船の色は，赤でした。

4～5文で書くことができるように，動作を区切って行う。動作をするたびに先生が何をしたか口頭作文させる。

❸できた文を読み合う（5分）

実物投影機で原稿用紙を投影して，読む。その後，グループで原稿用紙を交換し合い読み合う。

T　「先生と風船」の文を読み合いましょう。

C　風船を膨らませたときの先生の顔の様子を書いた人，いるかな。

C　「ほおを真っ赤にしたふぐのようでした。」って書いたよ。

Point　読み合うときは，「よさ」や「おもしろさ」を観点として与える。自分で次の作品に生かすことができるようにするためである。

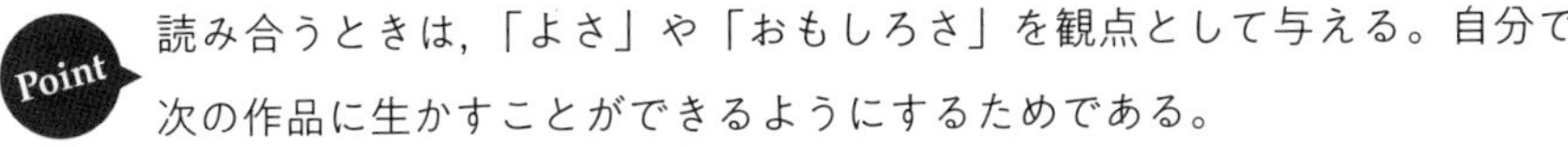

評価のポイントと苦手な子への支援

学習活動❷で口頭作文後，原稿用紙に書いた文が課題条件に沿った内容であるか評価する。1文ずつ動作を区切って口頭散文させることが苦手な子どもへの支援になると考える。また，使ってほしい言葉を黒板に掲示する。書き出しを与え，黒板に掲示した言葉を使って文を書くよう助言する。できた文にねじれがないか，一緒に音読して確かめる。

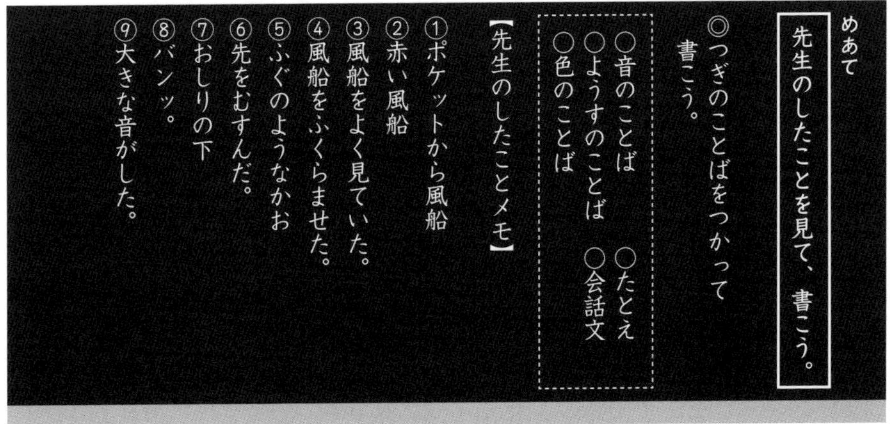

めあて
先生のしたことを見て、書こう。
◎つぎのことばをつかって
書こう。
○音のことば　○たとえ
○ようすのことば　○会話文
○色のことば
【先生のしたことメモ】
①ポケットから風船
②赤い風船
③風船をよく見ていた。
④風船をふくらませた。
⑤ふぐのようなかお
⑥先をむすんだ。
⑦おしりの下
⑧バンッ。
⑨大きな音がした。

58 したいなあ作文を書こう

所要時間　15分　おすすめの時期　長期休業前

必要な物　作文シート

つけたい力

事柄の順序に沿って簡単な構成を考える。

活動のねらい

以前から家族で行きたかった場所に長期休業中に行ってきて，楽しかったというウソの作文を書く場を設定する。場所や感想，見てきたもの，思ったこと，家族の様子などについて簡単な構成を考えて書けるようにする。

活動の流れ

❶したいなあ作文～旅行の巻を書くことを知る（2分）

長期休業中に家族で行ってみたい場所について話し合う場を設定する。例を示し，したいなあ作文を書くことを知る。

T　これから，例のようにしたいなあ作文を書きますよ。

C　場所，見てきたもの，感想の順番で書こう。

Point　どのような構成にするのか捉えることができるように，例を示す。また，分量を5～6文程度とすることも課題条件として与える。

❷したいなあ作文を書く（8分）

例を基にしたいなあ作文を書く場を設定する。最初に場所を設定した方が書きやすいことを伝える。

T　したいなあ作文を書きましょう。

C　東京オリンピックを見に行きたいなあ。

C　ぼくも，オリンピックの水泳を見に行きたいなあ。

書き出しを「夏（冬）休みに，～に行ってきました。」のように与えると，次に続く文が書きやすくなる。

❸したいなあ作文を発表する（5分）

ワークシートを実物投影機でテレビに投影して，読む。その後，グループでワークシートを交換し合い読み合う。

T　したいなあ作文を読み合いましょう。

C　Aさんの書いたオリンピック作文がおもしろかったな。

C　どんなところがおもしろかったの？

例文にあるような事柄（課題条件）が入っているかを読み合いの視点にするだけでなく，表現のおもしろさも視点とするよう伝える。

評価のポイントと苦手な子への支援

学習活動❷で，場所や感想，見てきたもの，思ったこと，家族の様子などについて5～6文でまとめているか評価する。苦手な子どもには，例文の一部を伏せ字にしたものを準備し，そこに入る言葉を自分で決めさせるなどの支援を行う。朝の会や帰りの会で発表するなどの活動にも活用できる。

〈参考文献〉上條晴夫『だれでも書ける作文ワークシート　小学校低学年』学事出版，2011年

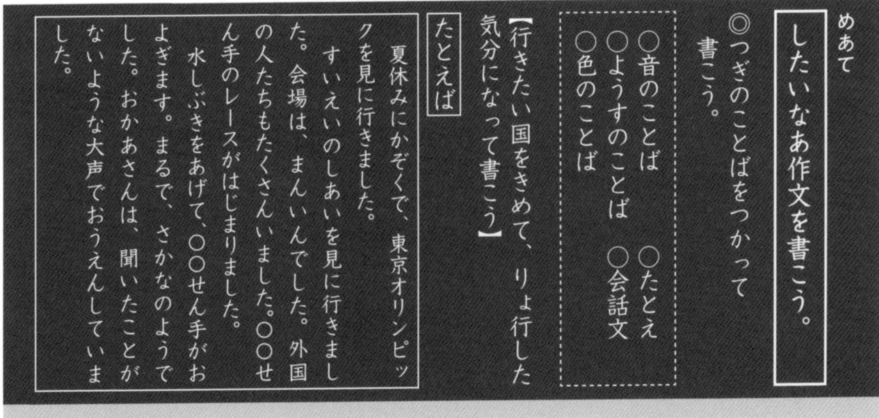

59 変身して書こう～「おおきなかぶ」

所要時間 15分　おすすめの時期 11～12月
必要な物 ワークシート

つけたい力
自分の考えが明確になるように，簡単な構成を考える。

活動のねらい

１年生の物語教材「おおきなかぶ」のねこがねずみを呼んでくる場面で，ねこがねずみにどのような言葉かけをしたのかを想像し，最後の場面とのつながりを考えて文をつくることができるようにする。

活動の流れ

❶ねこがねずみを呼んでくる場面を想像して書くことを知る（２分）

実物投影機で「おおきなかぶ」をテレビに投影し，場面を確認する。ねこがねずみに手伝ってもらうためにどのような言葉かけをしたか投げかける。

T　ねことねずみになって，話したことを想像しましょう。

C　手伝ってほしいだけじゃなくて，理由も話したと思う。

Point 「ねずみさん，お願いがある。手伝っておくれ。」の後にねずみは何を話したのか，ペアやグループで想像した会話を交流させる。

❷ペアでねことねずみになって会話文を書く（８分）

学習活動❶で与えた書き出しの会話文を印刷したワークシートを準備し，続きを書いてみるよう伝える。

T　ねことねずみになって会話文を書きましょう。

C　「ねこさん，何を手伝えばいいの。」って返したと思う。

C　わたしだったら，やっぱり理由を話すな。

ねことねずみ，それぞれ２つずつ会話文を考えてみるよう指示する。ペアで相談しながら活動すると，会話の内容も深まる。

❸できた会話文を発表する（５分）

ねこ役とねずみ役になって考えた会話文を発表する場を設定する。できた作品は，実物投影機でテレビに投影する。

T　つくった会話文を発表しましょう。

C　ねずみさんが手伝いたくなるような会話文になっているな。

C　一番小さいねずみさんの力が是非必要というところだよね。

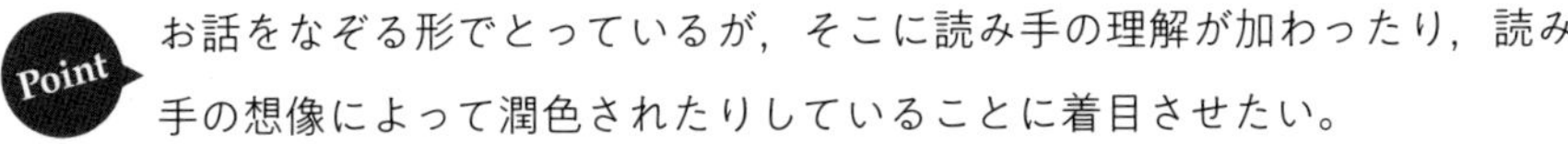

お話をなぞる形でとっているが，そこに読み手の理解が加わったり，読み手の想像によって潤色されたりしていることに着目させたい。

評価のポイントと苦手な子への支援

学習活動❷のペアで会話文をつくっているときに，物語の展開をなぞった形になっているか，解釈が反映された内容になっているか評価する。ペアで活動するので，書くことのできない子どもはいないと思われるが，つまずいている場合は，一緒に会話文を考えるようにする。

〈参考文献〉青木幹勇『第三の書く―読むために書く　書くために読む―』国土社，1986年

【ワークシート】

名まえ

めあて

ねこがねずみをよびにいったときの、会話文をそうぞうして書こう。

◎会話文を三つ～四ついれよう。
◎なぜ、手伝ってほしいのか、わけもつたえよう。

①ねこは、ねずみをよびにいきました。

②「　　」

③「　　」

④「　　」

⑤「　　」

⑥ねずみは、手つだうことにしました。

まどさん風につくってみよう ～「さくらがさいた」

所要時間　15分　おすすめの時期　4月
必要な物　ノート

つけたい力
作品の感想を伝え合い，自分の作品の表現のよいところを見つける。

活動のねらい

詩「はながさいた」（まど・みちお）を読み，楽しくリズムよく音読させる。その後，生活科で観察した桜の絵を見て，繰り返しや対比といった表現技法を使って詩をつくることができるようにする。

活動の流れ

❶気付いたことを振り返る（2分）

詩「はながさいた」(まど・みちお）を音読リーダーが音読し，それを追い読みする場を設ける。音読リーダーには，リズムよく音読するよう指示する。

T　詩を読んで気付いたことがたくさんありましたね。

C　繰り返しや対比のある詩だったな。

Point　どのような気付きがあったのか確認できるように，詩を書いた掲示物を準備しておく。

❷詩を書く（8分）

繰り返しや対比などの詩の技法を使っていたことを確認し，質問を受けてから詩を書く場を設定する。

T　まど・みちおさん風に詩を書いてみましょう。

C　「さくらがさいた　さくらがさいた」の続きを考えよう。

C　桜が咲くと楽しい気分になるから，「ららららら」を使ってみよう。

書き出しを与える。加えて，どのような内容にするか決まっている子どもに発表させることで，苦手な子どもへの支援となるようにする。

❸詩を読み合う（５分）

ノートを実物投影機でテレビに投影して，上手なところを見つける場を設定する。その後，グループでノートを交換し合い読み合う。

T　Ａさんの詩の上手なところを見つけましょう。

C　Ａさんの，「ぱっぱっぱっ」のところがおもしろかったよ。

C　Ｂさんの，「らりるれらららん」がまどさんの詩みたいだったね。

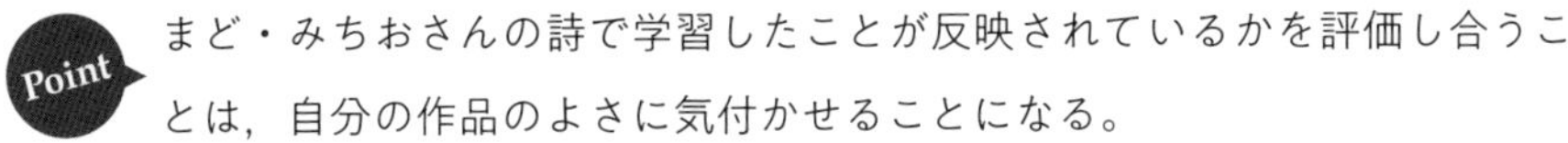

まど・みちおさんの詩で学習したことが反映されているかを評価し合うことは，自分の作品のよさに気付かせることになる。

評価のポイントと苦手な子への支援

繰り返しや対比といった表現技法を使った内容になっているかを評価のポイントとする。学習活動❷にあるように，どんな作品にするか考えのある子どもに発表させ，それを板書しておくことが支援となると考える。それでも書くことができないようであれば，一部を変えてみるよう声をかけ，一緒につくるようにする。

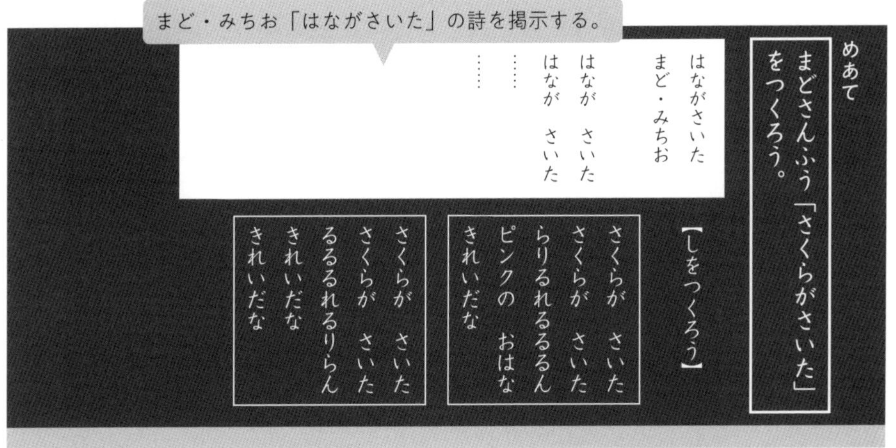

あとがき

2008年の初夏，１冊の本が届いた。教職に就いて４年目に担任した女の子からの本であった。介護福祉士をしながら小説を書き，本を出版したというのである。

教職４年目の私は，子どもたちの「何を」「どう書けばよいのか」という課題を解決するための一方法として，当時出版されていた作文に関する文献や国語の月刊誌を参考に，子どもたちが書きあぐねることのないようなネタ探しをした。それらのネタを基に，百字程度でとにかくたくさん書かせていた。モデル文を作成し，それを参考にするよう助言する程度の指導しかしていなかったので，本を出版した彼女に申し訳なく感じたが，「先生が，私の文章の上手なところをほめてくれたのが，うれしかった」と伝え聞き，ほめることの大切さを感じた。

そこで気付いたことがあった。彼女は，モデル文を読み，構成や記述などについて理解できる子どもであった。しかし，そういった子どもは，わずか一握りである。書くことでしか書く力はつかないが，一握りの子どもしか書くことができないのではなく，教室のすべての子どもたちが，「書けた」という達成感をもつことができるようにしたいと考えた。

大内善一先生は，著書『思考を鍛える作文授業づくり』（明治図書）の中で次のように述べられている。

> 「行事作文」や「学習作文」自体に罪はないのである。問題は，そうした作文を書かせる際の，ちょっとした動機付けの工夫，子供が書くことの必然性を実感できる手立ての工夫を講じることなく，ただ「むやみに書かせる」ところにある。　（前掲書，p.14）

これまで私が行ってきたネタを集めてたくさん書かせるだけでは，書く力をつけることが難しいことが分かった。

教職９年目に初めて１年生を担任した。作文を書くことも一から始めなくてはならない。思考・認識といった面では，ものの見方や考え方，発想などを意図的に練習していく必要がある。表現力の面では，適切な語句の使い方や描写の方法，叙述の仕方などの技能を付けていくことが大切になる。どのように書く力を付けていったらよいのか。たくさんの文献から学びながらたどり着いたのは，指導事項を１つにしぼり，子どもが書きたいと思うネタを使った短作文に取り組ませることであった。このように考えてから帯単元の構想を練っているうちに，奈良国語教育実践研究会の『課題条件法による作文指導』（明治図書）に出合い，課題条件を指導者と子どもが共有化する方法にたどりついたのである。

何のために誰に向かって書くのかを意識付けるために，帯単元名を「ことばのえかきさんになろう」としてから，もう27年になる。この帯単元を通した子どもの作品を読むと実感することがある。それは，子どもは持っている語彙は少ないけれども，自分の今持っている言葉を紡いで表現できる天才だということである。

書く力を育成するためには，それなりに時間がかかる。しかし，段階的な指導をすることにより，確実に子ども自身，「書けるようになった」と自覚することができるようになる。

教職に就いた若い方たちの参考になればと思い執筆にあたったのであるが，あらためて自分の実践を振り返ってみると，これからさらに改善を加えていかなければならないことに気付いた。ご高覧の上ご活用いただき，ご批正とご指導をお願い申し上げる。

おわりに，本書の出版に直接の労をとっていただいた明治図書大江文武氏に厚くお礼申し上げる次第である。

2020年８月

佐藤　一世

【著者紹介】

佐藤　一世（さとう　かずよ）
1962年生。秋田大学教育学部卒。
現在，秋田県男鹿市立船越小学校に勤務。日本国語教育学会会員。

国語科授業サポートBOOKS
15分で言葉の力が楽しく身につく！
小学校低学年の「書くこと」ミニ活動60

2020年9月初版第1刷刊 ©著　者　佐　藤　一　世
発行者　藤　原　光　政
発行所　明治図書出版株式会社
http://www.meijitosho.co.jp
（企画・校正）大江文武
〒114-0023　東京都北区滝野川7-46-1
振替00160-5-151318　電話03(5907)6702
ご注文窓口　電話03(5907)6668

＊検印省略　組版所　株式会社木元省美堂

Printed in Japan　ISBN978-4-18-389219-5

もれなくクーポンがもらえる！読者アンケートはこちらから
→